教育部人文社科基金项目《基本公共服务均等化视角
新研究》（15YJC850010）

国家民委民族研究后期资助项目《从对口支援到中国特色横向财政转移支付
转型研究》（2018 – GMH – 009）

广东省高校人文社科重大项目《精准扶贫进程中财政资源横向配置机制构
建》（2016WZDXM031）

从对口支援到中国特色横向财政
转移支付转型研究

伍文中　侍晓雅　著

中国财经出版传媒集团

经济科学出版社

Economic Science Press

图书在版编目（CIP）数据

从对口支援到中国特色横向财政转移支付转型研究／
伍文中，侍晓雅著．—北京：经济科学出版社，2021.4
ISBN 978 - 7 - 5218 - 2335 - 6

Ⅰ.①从…　Ⅱ.①伍…②侍…　Ⅲ.①经济援助 - 财
政转移支付 - 研究 - 中国　Ⅳ.①F127 ②F812.45

中国版本图书馆 CIP 数据核字（2021）第 017468 号

责任编辑：刘殿和
责任校对：杨　海
责任印制：李　鹏　范　艳

从对口支援到中国特色横向财政转移支付转型研究

伍文中　侍晓雅　著

经济科学出版社出版、发行　新华书店经销
社址：北京市海淀区阜成路甲 28 号　邮编：100142
教材分社电话：010 - 88191354　发行部电话：010 - 88191522
网址：www. esp. com. cn
电子邮件：bailiujie518@ 126. com
天猫网店：经济科学出版社旗舰店
网址：http：// jjkxcbs. tmall. com
北京密兴印刷有限公司印装
710 × 1000　16 开　13. 75 印张　230000 字
2021 年 4 月第 1 版　2021 年 4 月第 1 次印刷
ISBN 978 - 7 - 5218 - 2335 - 6　定价：55. 00 元
（图书出现印装问题，本社负责调换。电话：010 - 88191510）
（版权所有　侵权必究　打击盗版　举报热线：010 - 88191661
QQ：2242791300　营销中心电话：010 - 88191537
电子邮箱：dbts@ esp. com. cn）

前　言

对口支援是极具中国特色的政府行为，近半个世纪以来，它深刻影响着中国的经济和社会发展进程。它是我国社会主义制度优越性和协作精神的体现，也是实现全国区域协调发展的重要举措。

横向财政转移支付是指财政资金在同级地方政府之间的无偿转移和流动，这种财政转移支付方式作为纵向转移支付的补充是成熟的分税制财政体制的重要组成部分。我国多年实施的对口支援实质上也是一种横向财政转移支付制度。

改革开放以来，由于资源禀赋、地理位置、自然气候等诸多因素，我国地区间发展的不平衡尤为明显且有继续扩大的趋势。现行以纵向为主的财政转移支付制度其横向财政均衡效果尚不尽如人意。

多年以来，我国政府一直努力通过有中国特色的对口支援机制及财政合作行为实现区域协调发展，也取得了一定的效果，但尚存诸多不足之处。究其原因，主要在于其未能制度化和规范化。

构建有中国特色的横向财政转移支付制度体系，是现实问题的必然选择。因此，该研究将有益于我国财政体制的进一步完善，有益于我国政府间财政行为的协调和规范，有益于促进区域协调发展，有益于维护民族团结和实现共同繁荣。因此，该研究富有较强的理论创新意义和中肯的实践指导意义。

基于此，本书以促进区域协调发展为出发点，以大规模实施的"对口支援"行动为切入点，以构建有中国特色的横向转移支付制度体系为落脚点，系统研究了我国横向财政转移支付制度的必要性、可行性、内容体系、运行机制、绩效评估等问题。其根本目的在于完善我国既有的转移支付体系，实现多样化的转移支付模式，进而推动我国区域间经济社会协调发展。

一、主要研究内容

1. 我国区域协调程度评估。此为全部研究的引子，本部分基于经济发展差距和基本公共服务均等化程度，以东部、中部、西部、民族地区为样本空间，按照收敛与发散等多样化标准对我国区域协调化程度进行精细评估。

2. 从对口支援到横向转移支付：必要性和可行性。（1）在对口支援历史回顾的基础上，客观评估其区域协调效应及所存问题。（2）从国情的复杂性、区域发展的非协调性、纵向转移支付的局限性来探讨实行横向转移支付的必要性。（3）从伦理基础、法理依据、技术条件、民族情感、承受力及保障力等层面探讨我国实行横向转移支付的可行性。

3. 区域协调导向下有中国特色横向转移支付的内容体系。（1）结合对口支援实践，设计有中国特色的横向转移支付内容体系：生态补偿基金、基本财力均等基金、区域共同开发基金、民族团结基金。（2）根据横向转移支付对基本公共服务均等化的效应传导机理，设计上述内容体系各自的资金来源、推进路径及运行平台。

4. 我国横向转移支付的转移标准及划拨程序。（1）启动标准。通过"收益—辐射"标准，确定横向转移支付实施与否的进出门槛。（2）转移标准。根据横向转移支付内容差异，有针对性地设计价值补偿、财政能力均等、等边际收益、最低损失等多样化的执行标准。（3）划拨程序。根据差异化的转移支付标准探索各类横向转移支付的分配公式及划拨程序等。

5. 我国横向转移支付的绩效评估体系和激励机制构建。（1）以区域协调发展为导向，根据横向转移支付的内容体系，建立多层次的横向转移支付绩效考核体系。（2）根据激励相容原理，设计纵横交错的激励机制。（3）根据组织效率原理，设计横向转移支付事务管理的组织结构及监督体系。

6. 相关配套制度的跟进。包括分税制财政体制的进一步完善、财政基础数据库构建、地方税改革、转移支付立法、政府政绩考核体系等事宜。

二、研究的重点难点

1. 重点。

（1）如何客观评估我国区域差距及对口支援的均等化效果？如何根据对口支援内容属性选择性地转型为横向转移支付？

（2）现实条件能否支撑我国横向转移支付制度有序高效运行？既定条件下，我国横向转移支付是整体推进还是专项突破？

（3）如何界定纵向和横向转移支付的作用边界？如何通过两者的契合实现区域协调发展？

2. 难点。

（1）如何构建有中国特色的横向转移支付内容体系及各自的运行模式？

（2）如何在促进区域经济和社会协调发展的导向下，设计科学的绩效考核体系，使得该考核体系既不使受援地患"荷兰病"，又不使支援地患"恐惧症"？

（3）如何有效解决平级政府间横向资金转移过程中的信息不对称和激励不足的问题？

三、本书的基本观点

1. 我国对口支援是旨在集中资源的国家动员体制，是基于政治任务发生的非制度化行动。鉴于其将长期存在的历史现实，必须逐步走向规范化和法治化。改革途径应该是基于内生的制度选择将其转变为规范化的财政均衡机制。其中的补偿类、民生类、帮扶类、救助类等具有横向均等化效果的对口支援理当并入横向转移支付体系之中。

2. 为实现区域协调发展，必须在竞争的基础上实现合作。规范的纵向转移支付为政府间竞争提供了公平条件，而科学的横向转移支付有利于促进政府间合作。这种合作行为的本质是统一国家基础上的平衡性非对称分配。既要遵从特定的政治逻辑，又必须符合客观经济规律，根本在于科学设计利益协调和激励机制。

3. 横向转移支付在整个转移支付体系中处于补充地位，在促进区域基本公共服务均等化进程中，其应与纵向转移支付各有侧重。从经济属性看，横向转移支付主要限于外溢补偿、民生短板、共同开发、突发救助、民族团结等范畴。从运行形式看，横向转移支付重在财力和公共服务援助，而不是"上项目""建园区"。

4. 实现区域协调发展，在"作对激励"的同时必须"作对协调"，在保持政府竞争的基础上实现深度的政府合作。规范的纵向转移支付为政府竞争提供了公平条件，而多样化的对口支援及横向财政转移支付则有利于促进政府间合作。这种合作行为可持续性发展的关键在于科学设计利益协调和激励机制。

5. 应根据横向转移支付内容的层次性来建立绩效考核体系。基于对横向转移支付施受双方积极性和依赖性的考量，应该选取诸如生态盈余、绿色 GDP、公共服务变异系数、人均财力熵值、伤亡率、安置率、资本增值率、财政努力程度等指标，建立兼有激励和约束双重功效的横向转移支付绩效考核体系。

四、创新之处

1. 对现行的对口支援进行分类、归并、转型。按照对口支援内容及功能差异，对其进行规范化的格局设计：一部分保留在国家动员机制，一部分转型为横向转移支付，一部分回归市场，有利于其规范化运行。

2. 构建了有中国特色的多层次性横向转移支付内容体系。本书一改现有研究的"一揽子"范式，基于国情及财政管理的技术水平，将我国横向转移支付内容体系分为五大层次。并利用了非参数的数据包络法（DEA）实证检验横向转移支付的层次性。在此基础上，设计了五大层次各自的支付标准、运行平台、绩效指标，以便于精细化管理。

3. 廓清横向转移支付与纵向转移支付的作用边界。据此设计了两者的互动和耦合机制，以避免功能逆调或"添乱"现象发生，使得两种模式统一于转移支付体系之中，并行不悖，各行其道。

五、不足之处

由于水平所限，研究中还存在诸多不足之处：第一，未能全面考虑政治体制与横向财政转移支付的匹配问题。德国的横向转移支付是否是世界通用版？在全文构思与写作的过程中，这个问题始终是笔者关注的问题。第二，所用统计资料的不系统，不完整。以对口支援为雏形的横向财政转移支付在统计数据上严重缺失，即便取得了一定的数据，也不完整和精确。因此，研究得出的结论难免不能尽善尽美。

作者
2021 年 1 月

目　　录

第一章 导　　言

第一节　概念界定

一、对口支援

1. 概念

对口支援是极具中国特色的政府行为，近半个世纪以来，它深刻影响着中国的经济和社会发展进程。结合我国对口支援实际，本书认为，对口支援就是在中央政府的统一部署下，经济发达或实力较强的地方政府对经济不发达或无法承受突发事故的另一方政府实施援助和合作的一种政策性行为，它是我国社会主义制度优越性和协作精神的体现，也是实现全国区域协调发展的重要举措。

在这一概念界定中，对口表示行动方向和对象。比如对口援疆、对口援藏。支援则表示行动的性质和目的，体现了行动的无偿性和温暖感。

新中国成立以来，中央政府把加快少数民族地区和边远地区经济社会发展作为党和国家的战略任务。在长期的实践中，经过不断探索，逐渐创造出一种具有中国特色的"对口支援"模式。这种模式在20世纪50～60年代开始萌芽，70年代末正式提出和实施。随着援藏、援疆、三峡工程移民安置和唐山、汶川地震灾后重建、十九省市对口援疆等渐至佳境，对口支援成为我国政治经济生活中不可或缺的一部分。

在进入中国特色社会主义新时代之际，习近平同志在党的十九大报告中指出，新时代我国社会主要矛盾已经转化为人民日益增长的美好生活需要和不平衡不充分发展之间的矛盾。这是对我国发展历史性成就和变革的深刻总结，也是对未来我国区域协调发展研究方向的精准定位和顶层设计。

多年来的理论和实践业已证明，"兄弟互助式"政府间财政合作有很强的区域平衡发展功效。但是，我国政府间财政合作（如对口支援）尚未规范化，影响了其内在区域平衡发展功效的发挥。基于此，本课题试图规范和健全我国政府间财政合作机制，旨在将财政合作机制"揳入"到区域平衡和充分发展实践之中，最大限度释放其区域平衡发展功效。

2. 类型

对口支援目前主要有四种主要类型：边疆民族地区对口支援、经济贫困地区对口支援、灾害突发事故救助对口支援和重大工程对口支援。

边疆民族地区对口支援就是对地处边疆的少数民族地区进行有目的、有计划的支援和帮扶，逐步缩小其与发达地区间的经济社会发展差距。这是我国最早且最主要的对口支援类型，也是各届政府的工作重点。中国是一个多民族的统一国家，少数民族地区的繁荣与稳定对中国的长期发展和国家安全具有无与伦比的重要性。众多少数民族地区由于历史文化和地域环境的限制，常常处在一些交通不便、地理条件较差的边境地区，导致了其经济社会发展水平落后。《中华人民共和国民族区域自治法》第六十四条规定："上级国家机关应当组织、支持和鼓励经济发达地区与民族自治地方开展经济、技术协作和多层次、多方面的对口支援，帮助和促进民族自治地方发展。"

经济贫困地区对口支援就是经济发达地区对经济落后地区进行帮扶，该类对口支援的经济目的十分突出，即共同富裕。自从1996年7月党中央、国务院颁发了《关于组织经济较发达地区与经济欠发达地区开展扶贫协作的报告》之后，极具中国特色的东西部地区间的扶贫协作就如火如荼般展开。多年来，其已成为我国对口支援的主体和重点。随着经济贫困对口支援行动的深入持续推进，极大地促进了我国东西部地区社会经济协调发展和共同进步。

灾害突发事故救助对口支援是当自然灾害及突发事故发生时，政府间紧急提供援助的一种对口支援，如地震灾害、重特大传播性疾病等。基于灾害和突发事故的突发性和破坏性，这类对口支援也是最显温暖感的救助行动，能最大限度地减少人民群众的生命和财产损失，更能体现"血浓于水"的亲情和民族凝聚力，如汶川大地震发生后，国务院紧急出台《汶川地震灾后恢复重建对口支援方案》，按照"一省帮一重灾县"的原则重建家园。

　　重大工程对口支援就是在重大工程尤其是跨省份工程进行中，为保证工程建设不至影响当地经济发展和当地居民生活水平的下降，由国家发起对工程所在地进行经济援助或接受移民安置等行动。这类对口支援不是我国对口支援体系中的主体和重点，但最能体现"全国一盘棋"的战略思想。例如，始于1992年的三峡工程库区移民工作表明，有中国特色的重点工程对口支援行动能成功破解移民和工程区经济社会可持续发展这道世界难题。

　　3. 特点

　　从对口支援少数民族地区，到东西扶贫协作，再到对口支援地震灾区，最后到举国援疆，中国的对口支援机制在逐步发展和完善。综观整个发展过程，中国的对口支援机制具有以下特点：

　　（1）中国特色性。我国对口支援的实质其实就是在中央政府领导之下的应急联动机制和帮扶合作机制。该机制是在中国特定政治生态中孕育、发展和不断完善的一项具有中国特色的政府行为。中国特色社会主义制度的优越性、中华民族的优良传统等现实国情赋予了对口支援模式丰富的内涵和鲜明的中国特色。

　　（2）政治动员性。我国对口支援的实施是以各支援省市人力、财力、物力的单边付出为基本内容，支援省市不图任何回报，是中央政府领导下的制度安排，体现出对口支援行为高度的政治动员性。

　　（3）本质上具有横向转移支付的雏形。横向财政转移支付是通过富裕地区对贫困地区的资金转移来弥补贫困地区的财政缺口，从而实现地区间财力横向均衡及公共服务均等化。中国目前尚未有法律意义上的横向财政转移支付。但是，基于财政均衡原理的视角来看，有中国特色的"对口支援"就是在中央政府安排之下的一种非法制化的横向财政转移支付尝试，在本质上具有横向财政转移支付的雏形。

　　（4）内容上超出了横向财政转移支付的范畴。无论是横向还是纵向的财政转移支付，都体现为财产（现金和实物）的转移。然而，我国的对口支援不仅有物资、资金的支持，还包括项目合作、人才培训和民族交流等内容。在此意义上，从国际成型做法来看，中国的对口支援机制内容已经超越了一般意义上横向财政转移支付的内容范畴，具有更为宽泛的内涵和外延，这更突出了社会主义制度的优越性。

　　4. 作用

　　对口支援是在中国特色社会主义制度条件下作出的一种政治安排，也是一种制度创新。对口支援充分体现了东、中、西部经济的合作、文化的交流、理念的融合。多年来，对口支援促进了全国各族人民的团结，为进一步贯彻落实"两个大局"的战略思想，探索先富帮后富，最终为实现共同富裕探索了成功之路（具体内容详见本书第四章）。

二、转移支付

1. 概念

转移支付是指财政资源在政府间的无偿流动，其不遵循等价交换的原则，是一种无代价的资金（资源）付出。尤其是，在分权财政体制下，政府间的财政收入格局和支出划分常常引起政府间财力的纵向和横向失衡。为了使各地居民能享受基本公共服务以及促进区域经济协调发展，国家往往通过财政转移支付来消除这些不平衡，以期实现财政均衡和区域协调发展。

2. 性质

财政转移支付从本质上说，是国家为了实现区域协调发展而采取的财政政策或财政杠杆。它既是政府间权责划分的调节器，又是区域利益外溢的补偿政策，更是缩小区域经济发展差距的一种宏观调控工具。总的看来，它具有无偿性、目标多样性、规范性、法治性等特性。

3. 类型

纵观世界，目前基本的政府间转移支付类型有两种：一是有条件转移支付，二是无条件转移支付。另外，按拨款方向可以分为纵向转移支付和横向转移支付；按拨款目的可以划分为赤字转移支付、均等化转移支付和稳定化转移支付等。

就其在整个转移支付体系中的地位而言，一般均等性转移支付制度是最重要的财政均衡制度，纵向的财政转移支付是最主要的运行形式。

4. 作用

（1）纠正或调整政府间纵向财政失衡。纵向政府间支出职责与收入能力之间的结构性失衡是常态性现象，而转移支付则为保障各级政府履行职能提供了财力保障。

（2）纠正或调整政府间横向财政失衡。从公平的角度讲，同样的人应当同等对待，这是其基本人权。但由于各地财政能力的差距，法理意义上同样的人往往不可能得到同等财政对待。因此，政府必须通过转移支付来平衡各地区之间的财力水平，才能有助于实现公共服务的均等化。

（3）激励具有正外溢性公共物品的有效供给。正外溢性公共产品能提高整体福利水平，但存在成本与收益不对称问题。如果由地方政府自行决策，那些具有正外溢性的公共产品很可能供给不足或停止供给。此时的转移支付可以使正外溢性公共产品的收益内在化，从而以激励或引导该类公共物品的有效供给。

（4）有助于国家安全和稳定。财政转移支付是国家宏观调控和实现特定政治目标的主要工具之一，中央政府可以扶持偏远、落后少数民族地区，缩小地区间的财力差异和贫富差距，从而实现国家和谐稳定发展的目标。另外，在遭遇到特大自然灾害时，转移支付可以及时恢复正常的社会秩序，在稳定民心的同时恢复经济。

（5）有利于上级政府对下级地方政府的控制。一定意义上说，财政转移支付制度的存在可以加强对下级政府的控制。尤其是，上下级政府间目标相冲突之时，转移支付可以引导下级政府行为，从而有利于上级政府对下级政府的控制和约束。

三、横向财政转移支付

1. 概念

横向财政转移支付是指财政资金在同级地方政府之间的无偿转移和流动，一般是由经济发达地区向落后贫困地区转移，往往被称作"罗宾汉"模式，又称为兄弟互助模式。其目的是"同样的人应享受同样的待遇"，使各个省份之间财力相对均等，这种财政转移支付方式作为纵向转移支付的补充是成熟的分税制财政体制的重要组成部分。目前该项制度运行比较成功的国家是德国。我国多年实施的对口支援实质也是一种横向财政转移支付制度。

2. 性质

横向财政转移支付不仅具有财政转移支付的一般特征，同时又具有其自身的内在规定性。

（1）法定性。横向政转移支付的主体、客体、权利和义务、法律责任、计算方式、规模等因素，都必须由法律明确予以确定。

（2）平等性。横向财政转移支付从一开始就是为了保证每一个社会成员在同等的社会条件下享有平等的发展机会。推而言之，也保证同级政府具有平等的财政地位，具备大体一致的公共服务供给能力，从而保证各地区的民众享有基本均等的生活水平和生存条件。

（3）针对性。横向转移支付的目的是帮助和扶持落后地区发展经济，采取"一对一"或"多对一"的帮扶方式。因而，较之纵向转移支付，其更具有帮扶对象的针对性和目的特定性。

（4）高效性。横向财政转移支付因其资金转移有很强的目的性，加之其运行主体的平行性，透明度一般都高于纵向财政转移支付。这有利于提高资金运转效率，弥补纵向财政转移支付资金低效的不足。

3. 作用

横向转移支付是基于财政均等化而设计的一种财政工具，主要解决横向财政失衡和区域经济发展不平衡的问题，以实现基本公共服务均等化。

基本公共服务均等化是社会发展和进步的必然的历史进程，也是横向转移支付的最直接、最基本的目的。多级政府间财政收入能力的差异必然带来横向财政缺口，这种缺口的存在势必会造成欠发达地区的生存环境和福利水平的恶化。此时，通过在公共财政理论基础上建立规范的横向转移支付制度，使富裕地区的财政资金转移到贫困地区，实现同级政府间的横向财政均衡，使得各地公共服务水平上基本均等，最终实现社会公平发展。

与此同时，横向转移支付也具有民族扶持、社会补助的特征，体现了"一方有难、八方支援"的民族情感，能够增加民族团结力和凝聚力，促进社会稳定和长治久安。

第二节　研究背景和意义

一、研究背景

改革开放以来，由于资源禀赋、地理位置、自然气候诸多因素，我国地区间发展的不平衡尤为明显且有继续扩大的趋势。这种不平衡最终反映到财政上就是地区间财政能力的失衡，即横向财政失衡。而现行以纵向为主的财政转移支付制度其横向财政均衡效果尚不尽如人意。横向财政失衡严重影响了基本公共服务均等化水平，进而导致区域差距越来越大，迫使我们必须扩大视野进行理论思考和制度创新。

缩小区域发展差距，践行包容性增长战略，实现各地区和各民族"共担、共享、共赢"，将是我国长时期必须直面的历史任务。产生于我国实践并不断发展的省际对口支援制度发挥着重要的不可替代的作用。不容乐观的是，多年以来，我国政府一直努力通过有中国特色的对口支援机制等财政合作行为实现区域协调发展，也取得了一定的效果，但尚存诸多不足之处。究其原因，主要在于其未能制度化和规范化。

在进入中国特色社会主义新时代之际，习近平在党的十九大报告中指出，我国社会主要矛盾已经转化为人民日益增长的美好生活需要和不平衡不充分发展之间的矛盾。这是对我国发展历史性成就和变革的深刻总结，也是对未来我国区域协调发展研究方向的精准定位和顶层设计。

多年来的理论和实践都业已证明，"兄弟互助式"政府间财政合作有很强的区域平衡发展功效。但是，我国政府间财政合作（如对口支援）尚未规范化，影响了其内在区域平衡发展功效的发挥。基于此，本书试图规范和健全我国政府间财政合作机制，旨在将财政合作机制"揳入"到区域平衡和充分发展实践之中，最大限度地释放其区域平衡发展功效。

本书以促进区域协调发展为出发点，以大规模实施的"对口支援"行动为切入点，以构建有中国特色的横向转移支付制度体系为落脚点，系统研究了我国横向财政转移支付制度的必要性、可行性、内容体系、运行机制、绩效评估等问题。其根本目的在于完善我国既有的转移支付体系，实现多样化的转移支付模式，进而推动我国区域间经济社会协调发展。

二、研究意义

构建有中国特色的横向财政转移支付制度体系，是现实问题的必然选择。因此，该研究将有益于我国财政体制的进一步完善，有益于我国政府间财政行为的协调和规范，有益于促进区域协调发展，有益于维护民族团结和实现共同繁荣。因此，该研究富有较强的理论创新意义和中肯的实践指导意义。

（一）实践意义

由于转移支付制度体系尚不健全，我国区域经济发展水平及基本公共服务非均等化程度不断扩大，既制约了经济可持续发展，又影响了国家的长治久安。据此，本书以区域协调发展为出发点，探究和完善我国横向转移支付制度。

1. 构建横向财政转移支付制度是宏观调控的需要。毋容置疑，保持区域协调发展不仅关系到扩大内需、优化升级产业结构、保障和改善民生等重大任务，而且对于把握"稳中求进"的工作总基调、实现经济社会发展预期目标具有重要意义。而横向财政转移支付制度对于实现区域经济和社会协调发展具有无可替代的作用。尤其对那些目前市场调节作用微弱的环节和领域，为实现国家的宏观调控目标，需要对资源进行合理地配置提供保障。

2. 构建横向财政转移支付制度是维护社会稳定的需要。区域基本公共服务差距过大势必不利于社会稳定。不论从哪一个方面或哪一个角度看，我国东中西部社会发展差距拉大已是不争事实，已经引起了党和国家领导人的高度重视。横向财政转移支付制度通过使各级政府都有能力完成自己所承担的公共服务职能，先天就具有基本公共服务均等化功能，从而维护社会的稳定，即"仓廪实而知礼节"。

3. 构建横向财政转移支付制度是规范财政分配的需要。目前，我国实行单一的纵向财政转移支付制度。由于它是在不触动地方既得利益的原则下进行的制度建构，是旧体制的延续，从而使其难以调整和规范政府间财政分配关系。而对于解决横向财政不平衡、逐步实现基本公共服务均等化、最终实现社会公平正义等问题，可以发挥不可替代的积极作用，因而能有效地调整地方政府间财政关系。当然纵向为主，横向为辅，纵横相结合的财政转移支付模式效果更好。

4. 构建横向财政转移支付制度是完善我国对口支援机制的需要。从运行机制上讲，中国特色的对口支援就是财政意义上的横向财政转移支付，但也有诸如国家动员体系等内容。构建横向财政转移支付制度其实也是从另一个角度对我国实行多年的对口支援政策的改革和完善，做到分门别类，各行其道，更好地发挥作用和功效。

（二）理论意义

从1994年分税制财政体制改革至今，我国财政转移支付制度已经初步建立起来。但是与规范的财政转移支付制度相比，还有很多不完善之处。本书基于有中国特色横向财政转移支付制度的构建，将为完善我国财政转移支付制度提供理论支撑，也为世界上其他发展中国家的横向财政转移支付建设提供参考。

1. 基于国情，从理论高度凝练了中国特色横向转移支付的目标体系。与国际上其他国家成型的横向转移支付目标不同的是，本书从理论角度，提炼我国横向财政转移支付制度的基本公共服务均等化、区域共同开发、民族团结、应急救助、生态补偿等目标体系。

2. 从理论层面设计以区域基本公共服务均等化为目标的中国特色横向转移支付制度，既丰富了我国转移支付理论体系，又探索了有效实现基本公共服务均等化的现实可行道路。

3. 以实证结论支撑横向转移支付理论模式，为其他诸如生态补偿、资源定价、民族帮扶等相关研究提供理论参考。比如，通过生态补偿类横向转移支付制度可以成功地将生态保护的外部性问题内部化，纠正资源保护者和使用者成本收益不对等的扭曲现象。

第三节 研究思路、方法和内容

一、基本思路

1. 导出问题。从区域经济及基本公共服务差距出发，导出对横向转移支付制度的研究。

2. 透析问题。基于对口支援存在的问题，透析横向转移支付制度的有效性、必要性及可行性。

3. 解决问题。以现实国情为基础，全方位构建有中国特色的横向转移支付制度体系。

4. 技术路径如图1-1所示。

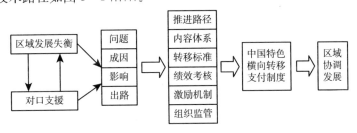

图1-1 技术路径

二、研究方法

1. 运用变异系数、泰尔指数熵值等统计指标检验区域经济发展和基本公共服务均等化差异程度；在理论研究的基础上，运用多头博弈模型，建立横向财政转移支付过程中的地方政府行为特征模型；

2. 借助数理模型，建立横向转移支付与区域经济发展及基本公共服务均等化的效应传导模型；在理论上给出了既考虑激励机制又考虑约束机制的转移支付方案；

3. 实地调查的研究方法。本课题计划以"对口援疆"为研究案例，实地调查新疆喀什、和田、克州等地，获取基础信息及基层意愿，凝练我国横向转移支付未来的发展方向。

三、研究内容

1. 我国区域协调程度评估。此为全部研究的引子。本书基于经济发展差距和基本公共服务均等化程度，以东部、中部、西部、民族地区为样本空间，按照收敛与发散、投入与产出、成本与质量等多样化标准对我国区域协调化程度进行精细评估，并据此实证分析其成因及影响。

2. 从对口支援到横向转移支付：必要性和可行性。（1）在对口支援历史回顾的基础上，客观评估其区域协调效应及所存问题。（2）从国情的复杂性、区域发展的非协调性、纵向转移支付的局限性来探讨实行横向转移支付的必要性。（3）从伦理基础、法理依据、技术条件、民族情感、承受力及保障力等层面探讨我国实行横向转移支付的可行性。

3. 区域协调导向下有中国特色横向转移支付的内容体系。（1）结合对口支援实践，设计有中国特色的横向转移支付内容体系：生态补偿基金、基本财力均等基金、区域共同开发基金、民族团结基金。（2）根据横向转移支付对基本公共服务均等化的效应传导机理，设计上述内容体系各自的资金来源、推进路径及运行平台。

4. 我国横向转移支付的转移标准及划拨程序。（1）启动标准。通过"收益—辐射"标准，确定横向转移支付实施与否的进出门槛。（2）转移标准。根据横向转移支付内容差异，有针对性地设计价值补偿、基本财力均等边际收益多样化的执行标准。（3）划拨程序。根据差异化的转移支付标准探索各类横向转移支付的分配公式及划拨程序等。

5. 我国横向转移支付的绩效评估体系和激励机制构建。（1）以区域协调发展为导向，根据横向转移支付的内容体系，建立多层次的横向转移支付绩效考核体系。（2）根据激励相容原理，设计纵横交错的激励机制。（3）根据组织效率原理，设计横向转移支付事务管理的组织结构及监督体系。

6. 相关配套制度的跟进。包括分税制财政体制的进一步完善、财政基础数据库构建、地方税改革、转移支付立法、政府政绩考核体系等事宜。

第四节 研究的重点难点、基本观点、创新及不足

一、重点难点

1. 重点

（1）如何客观评估我国区域差距及对口支援的均等化效果？如何根据对口支援内容属性选择性地转型为横向转移支付？

（2）现实条件能否支撑我国横向转移支付制度有序高效运行？既定条件下，我国横向转移支付是整体推进还是专项突破？

（3）如何界定纵向和横向转移支付的作用边界？如何通过两者的契合实现区域协调发展？

2. 难点

（1）如何构建有中国特色的横向转移支付内容体系及各自的运行模式？

（2）如何在促进区域经济和社会协调发展的导向下，设计科学的绩效考核体系，使得该考核体系既不使受援地患"荷兰病"，又不使支援地患"恐惧症"？

（3）如何有效解决平级政府间横向资金转移过程中的信息不对称和激励不足的问题？

二、基本观点

1. 我国对口支援的实施，是建立在有能力集中资源的国家动员体制上，

是基于政治任务发生的非制度化行动。鉴于其将长期存在的历史现实，必须逐步走向规范化和法治化。改革途径应该是基于内生的制度选择将其转变为规范化的财政均衡机制，其中的补偿类、民生类、帮扶类、救助类等具有横向均等化效果的对口支援，理当并入横向转移支付体系之中。

2. 为实现区域协调发展，必须在竞争的基础上实现合作。规范的纵向转移支付为政府间竞争提供了公平条件，而科学的横向转移支付有利于促进政府间合作。这种合作行为的本质是统一国家基础上的平衡性非对称分配，既要遵从特定的政治逻辑，又必须符合客观经济规律，根本在于科学设计利益协调和激励机制。

3. 横向转移支付在整个转移支付体系中处于补充地位，在促进区域基本公共服务均等化进程中，其应与纵向转移支付各有侧重。从经济属性看，横向转移支付主要限于外溢补偿、民生短板、共同开发、突发救助、民族团结等范畴。从运行形式看，横向转移支付重在财力和公共服务援助，而不是"上项目""建园区"。

4. 实现区域协调发展，在"作对激励"的同时必须"作对协调"，在保持政府竞争的基础上实现深度的政府合作。规范的纵向转移支付为政府竞争提供公平条件，而多样化的对口支援及横向财政转移支付则有利于促进政府间合作。这种合作行为可持续性发展的关键在于科学设计利益协调和激励机制。

5. 应根据横向转移支付内容的层次性来建立绩效考核体系。基于对横向转移支付施受双方积极性和依赖性的考量，应该选取诸如生态盈余、绿色GDP、公共服务变异系数、人均财力熵值、伤亡率、安置率、资本增值率、财政努力程度等指标，建立兼有激励和约束双重功效的横向转移支付绩效考核体系。

三、创新

1. 对现行的对口支援进行分类、归并、转型。按照对口支援内容及功能差异，对其进行规范化的格局设计：一部分保留在国家动员机制，一部分转型为横向转移支付，一部分回归市场。此设计有利于其规范化运行。

2. 构建了有中国特色的多层次性横向转移支付内容体系。本书一改现有研究的"一揽子"范式，基于国情及财政管理的技术水平，将我国横向转移支付内容体系分为四大层次，并利用横向转移支付的层次性设计了各自的支付标准、运行平台、绩效指标，以便于精细化管理。

3. 廓清横向转移支付与纵向转移支付的作用边界。据此设计了两者的互动和耦合机制，以避免功能逆调或"添乱"现象发生，使得两种模式统一于转移支付体系之中，并行不悖，各行其道。

四、不足

1. 未能全面考虑政治体制与横向财政转移支付的匹配问题。德国的横向转移支付是否是世界通用版？横向财政转移支付是否存在"橘生淮南"的地域限制？在全书构思与写作的过程中，这始终是笔者关注的问题。

2. 措施的可行性尚待检验。相比对口支援而言，横向财政转移支付的实施对我国政府治理水平和财政管理能力提出挑战。书中所提若干建议能否超然地发挥作用，尚待在实践中检验和修正。

3. 所用统计资料的不系统、不完整。以对口支援为雏形的横向财政转移支付在统计数据上严重缺失，很多地方政府都以机密级别管理，即便取得了一定的数据，也不完整和精确。因此，研究得出的结论难以尽善尽美。

第二章　研究现状及未来研究方向

本章沿着"区域差距—对口支援—横向财政转移支付"的思路，梳理了我国区域差距、区域合作、对口支援、横向转移支付的相关研究成果，进而展望未来研究趋势，最终为构建有中国特色的横向转移支付制度体系抛砖引玉。

第一节　区域差距的既有研究

我国区域差异悬殊已成为不争的事实，尽快缩小区域差异，实现全面、协调和可持续发展已成为理论界和政府部门的共识。纵观区域差距的研究，学者们主要围绕区域差距的存在性、区域差距的衡量指标体系、区域差距的成因、财政政策与区域差距等方面展开研究。

一、区域差距的存在性及衡量指标

凯里·凯琳（Carey Kaelyn，2007）、王建（2017）坚持认为，区域发展质量不在于速度和规模，更多取决于区域之间发展的均衡程度。现实表明，尽管经济增长速度很快，但中国区域经济发展差距仍在相对甚至绝对拉大（Breton，1996；Wildasin，2012；Wei，Yehua & Dennis，2017）。沈坤荣和马俊（2014）等研究发现，改革开放以来我国区域经济并不存在全域性的收敛现象，但存在一定程度俱乐部收敛。刘强（2012）、潘文卿（2016）的研究发现，1990 年后，全国范围内的 β 绝对收敛不存在，也不存在俱乐部收敛。彭国华（2015）、许召元等（2016）研究发现，我国地区差距仍然在持续扩大，但存在条件收敛。尽管对我国区域经济是否收敛存在争议，但一个不争的事实就是我国区域经济发展呈非平衡和非充分状态。

李善同、许召元（2016）认为，中国的地区发展不平衡现象不仅存在于省际之间，许多省份内部也存在着较大的差距，各个省之间的差距正随着政府采用的一揽子政策措施在逐步缩小，但各个省内部的差距正在不断扩大。

彭文斌、刘友金（2015）则以我国东部、中部和西部三大区域作为考察的地域单元，创新地采用相对发展率来测度各地区经济发展差距，并论述了各区域之间经济差距表现的特征。

刘云中、何建武（2014）认为，"十一五"期间无论是区域经济增长的速度，还是人均 GDP 水平都存在收敛态势，区域差距开始缩小。

李冀、严汉平（2017）从政策导向和收敛速度的双重视角对我国未来区域差距的演进趋势进行预测。根据我国"十二五"规划内容对我国几大区域未来发展的走向进行大致判断，并通过随机效应的面板数据模型计算我国区域经济增长的收敛速度，由此判断我国区域经济差距的演进趋势。

朱孔来、张东生、王玉敏（2014）认为，区域差距是指经济、社会以及影响经济和社会发展的各方面要素差距组成的"集合体"，即区域间社会经济综合实力水平的差距。基于对区域差距的这一理解，在定性分析的基础上运用现代定量分析方法对其进行研究，提出了一套以定量为主、定性与定量相结合的区域差距衡量指标体系及定量化测算方法，并运用这一方法对山东省西部区域之间各方面的差距进行了定量计算和全方位的分析比较。

石风光、李宗植（2016）认为，我国各地区存在差距的主要原因是全要素生产率差距造成的，研究以 1985～2014 年的面板数据测量了各省的全要素生产率差距，利用协整技术检验了要素投入、全要素生产率与地区经济差距的长期均衡关系。

左停、余蕾、齐顾波（2016）运用二阶段泰尔系数，根据地区国民生产总值、人口等区域经济指标，分析了当前我国地区经济发展的聚类、程度、趋势、来源和构成。同时认为，我国现阶段的区域差距总体上呈持续上升的趋势，且区域差距的持续上升主要来源于区域间差距的不断扩大；东部地区内部省际差距对全国的整体差距贡献率最高，但呈明显的下降趋势；西部地区虽然对总差距的贡献率相对东部较低，但总体呈上升趋势；从区域内各省内部差距状况来说，对总体区域差距贡献率最高的为省内差距。

理论界基于"短板效应"，重点围绕扶贫困境及未来扶贫策略展开研究。既有研究发现中国区域经济协调发展一个突出问题就是扶贫绩效边际递减

（Amartya Sen，2003；马九杰，2014；焦克源，2017）。大量研究认为，其原因在于区域扶贫过程存在目标偏离问题（汪三贵、Albert Park，2007；党国英，2016），必须采取精准对策（左停等，2015）。近几年基于"精准扶贫"，大量文献探索了区域经济协调发展的合作机制，包含财政合作、产业合作、科技合作、公共服务合作、环境合作等（李小云，2015；陈全功，2015；陆汉文，2017），基本形成了在合作中实现区域协调发展的共识。至于多种多样的区域间合作行动如何规范，尚未见系统性研究。

二、区域差距的成因研究

理论界对造成区域差异拉大的主要原因进行了旷日持久的讨论，国内外许多学者都试图回答这一问题，从现有研究文献来看，区域差异成因主要有以下几个观点。

1. 市场化因素说。张奎（2016）认为，我国区域差距不断扩大的主要原因是由于市场化程度的不同，而这又主要表现在金融市场、劳动力市场等方面。武国友（2014）认为，东部地区对市场信号比较敏感，西部地区则比较迟钝，从而导致了东西部市场化程度的差异。研究指出，西部地区对生产要素配置缺乏活力，难以实现资源的再分配功能，从而导致东西部地区经济出现较大差距。樊纲等人（2016）为了分析我国各地市场化程度，构建了一系列指标体系，主要包括政府与市场的关系、非国有经济发展、产品市场的发育程度、要素市场的发育程度、市场中介组织的发育和法律制度环境等，研究认为市场化的差异造成了各地区的差距。孙海刚（2014）也从市场化的视角解释了区域差距的成因，东部地区获得政府给予的优惠政策而优先发展，并强化了该区域的市场化程度，导致东部地区与中西部地区的差距越来越大。

2. 发展战略差异说。发展战略差异说认为，区域差异主要是由于中央政府采取发展战略的差异，发展战略导致了区域差异形成以及进一步扩大。张锐（2015）、张友树（2016）、王陆进（2016）、朱智文（2016）、刘宪法（2017）、厉以宁（2015）、方立（2015）等学者认为，非均衡发展战略是我国区域差距加大的主要成因。林毅夫、刘培林（2014）认为，经济发展战略是导致区域差距的主要原因，政府采用各种政策措施扶持需要优先发展的企业，削弱了市场的资源配置。而这些被扶持的企业大多位于东部地区，中西部地区由于获得政策支持较晚，进而导致了区域差异。贾彦利（2015）认为，区域政策对区域差距的影响目标区域已经从局部扩大到整体，影响战略也从非均衡发展转变为非均衡协调发展，通过预测区域差距的发展趋势，及早地制定区域政策来进行引导和利用区域差距，从而在有效利用政策资源的条件下实现区域经济的协调发展。

3. 所有制结构因素说。刘瑞明（2016）从所有制结构的角度入手考察形成区域差距的原因。研究发现，在向市场化转型的过程中，地区的所有制结构禀赋有可能令初始国有比重较高的地区陷入历史锁定效应，而令初始国有比重较低的地区快速发展，出现极化效应并导致地区差距的不断扩大。利用中国各省（1985~2015）的数据进行经验研究后发现，初始的国有比重越高，则后续年份的平均增长率越低，国有比重的下降显著地促进了地区经济增长。研究认为，地区间的"经济收敛"需要"所有制结构的收敛"。中西部地区过高的国有比重既是"劣势"又是"优势"，通过所有制结构的转变可以让"劣势"变为"优势"，实现经济上的追赶。

4. 人力资本分布差异说。该理论认为，人力资本的差异是导致各地区域差距的主要因素，而各地教育方面投资存在差异是导致人力资本差异的主要原因。美国经济学家舒尔茨（Schultz）和贝克尔（Becker）认为，教育、职业培训、保健是构成人力资本的主要因素。罗默（Romer，1986）和卢卡斯（Lucas，1988）指出，人力资本差异会直接影响全要素生产率，进而会导致区域差距。邹东涛、马海霞（2015）认为，由于在知识、教育、技术、信息方面东西部地区存在人力资本差距，从而导致区域差距。连玉君（2014）认为，区域差异的形成源于区域之间初始人力资本存量、区域间人力资本流动和人力资本激励制度的差异。

三、财政转移支付与区域差距的研究

中外学界主要基于对财政竞争行为的批判基础上展开对财政合作行为及其效应的肯定。大量研究发现，政府间财政竞争已产生"不患寡而患不均"的区域经济差距效应（Breton，1996；Wildasin，2001），中国也不例外（陆铭、陈钊，2005；李永友，2015；付文林，2016）。与之相对，诸多研究发现，政府间财政合作能"熨平"区域经济差距，具有"扶贫济困"功效（J. Henrich et al.，2001；靳薇，2011；傅勇，2014）。就中国而言，政府间财政合作还有利于促进民族团结及社会稳定（刘铁，2012；马戎，2016）。事实证明，财政竞争是区域协调发展的"攫取之手"，而财政合作则是区域经济协调发展的"援助之手"（T. Poncet S.，2005；范子英、张军，2015），未来财政竞争必然走向财政合作，最终形成竞合共存格局（T. Scitovsky，1990；刘亚平，2016）。

国外财政合作实践早于中国，最有代表性的是德国政府间横向财政援助机制，实践证明其对贫富差距具有显著的动态调整效应（Thiess Buettner，2007；罗湘衡，2017）。其他如汉达和戴维斯（Handa and Davis，2006）、塞佩达（Zepeda，2006）研究了巴西、智利针对特困人口的横向财政帮扶计划，发现其提高了基本公共服务均等化水平。国内研究较晚，既有研究较多集中于政府合作（邓秀萍，2012；汪伟全，2017），未能深入到财政合作层面。现有关于财政合作的研究呈碎片化，部分研究（洪银兴，2008；席建国，2013）曾提及建立财政合作机制以降低西部地区贫困发生率；也有研究（白重恩，2016；刘金焕，2017）初步探索了对口支援、横向转移支付等财政合作模式，但未对其进行系统性设计。

郭庆旺、贾俊雪、高立（2016）认为，中央转移支付规模的不同导致区域存在差距，研究构建了一个两部门内生增长模型，利用动态面板数据模型和系统GMM分析中央财政转移支付对地区经济的增长效应。

张明喜（2014）通过测算和分析1995～2004年各省份收入的收敛检验，并运用计量方法分析了各省份在分税制改革后所获得的转移支付与本地经济收敛的关系，认为在全国范围内收入的收敛模式没有绝对收敛，转移支付没有起到缩小地区收入差距的效果，尤其是在中部和西部地区。此外，还试图解释现行转移支付不能缩小地区收入差距的原因。

张启春（2015）认为，假设不考虑转移支付，那么从人均财政收支、预算外收支、财政总收支等方面考察各地政府的财力差距呈扩大趋势；如果考虑现行的转移支付，则从人均财政收入变异系数角度反映出来的各地区人均财力的变化在逐渐缩小；从人均财政支出变异系数角度反映出各地区人均财力变化波动剧烈；从人均财政支出角度来衡量，现行政府间转移支付制度对缩小各地差距作用不明显。究其原因，出现人均财政收入变异系数的缩小与积极的财政政策的实施背景有关，具有一定"偶然性"。

刘凤伟（2016）以甘肃省为例，利用甘肃省的分县数据，采用生产函数法实证研究了财政转移支付政策在缩小地区经济差距中的效率问题。研究表明，与相对发达县份相比，财政转移支付政策在相对落后县份具有较小的经济产出，因此，通过财政转移支付政策缩小地区间经济差距会导致一定程度的效率损失。

张晓杰（2017）认为，城市化与区域差距是相一致的，从变异系数观察均等化水平，结果显示城市化水平各地在逐渐缩小，但各地区均等化水平的差距在逐步扩大。究其原因，除了历史因素和资源禀赋影响外，政策机制是造成区域差距的关键。因此，应加快公共服务体制创新。

孙丽（2015）从财政分权的角度出发，利用生产函数模型，借助计量分析软件，对我国1985～2003年28个省、自治区和直辖市的人均GDP的年增长率、固定资产投资年增长率、劳动力年增长率的合并数据与财政分权的关系进行回归分析，接着又对样本省份的人均GDP的基尼系数与财政分权的关系进行了回归分析，得出了以下结论：我国财政支出分权与经济增长的关系负相关，而财政收入分权与经济增长的关系正相关；我国财政支出分权与区域差距的关系正相关，而财政收入分权与区域差距的关系负相关。由此认为，今后我国财政分权的方向应该围绕财政支出方面如何分权以及建立以均衡地区间公共服务为目标的财政转移支付体制而展开。

马拴友、于红霞（2015）通过分析认为，各省份转移支付规模的区别对待导致了区域差距，尤其是区域经济的不对称，而现实是中央转移支付的"偏袒"效应却正在愈演愈烈。

第二节　区域合作的既有研究

纵观区域合作的理论研究，学者们主要围绕着区域合作的模式、合作机制、合作对策以及法律完善等方面来进行论述。

一、区域合作模式研究

曾鹏（2015）认为，传统行政区行政模式因其具有封闭性、内向性和僵化性的特点无法促进区域统一大市场的建立，对诸多跨界公共问题更是束手无策，这些都是与区域经济一体化的要求相悖的。要改变这一现状，必须加强一体化区域政府间的合作，以区域合作行政代替传统的行政区行政模式。区域合作行政以其合作性、开放性、跨界性等特质担纲了推动区域经济一体化健康发展的重任。推动经济一体化区域的政府合作，必须建立健全区域合作行政的规则体系、搭建具有约束力的区域合作组织体系，并丰富区域合作的行为方式。

郑春勇（2016）指出，在汶川大地震灾后重建过程中，支援方与受援方签署了不少合作协议，实现了从对口支援到对口合作的悄然转变。但是，当前的对口合作存在着合作双方层级落差过大、根基不稳、市场机制缺失和泡沫化等问题。因此，应当重新调整思路，打破对口合作的地域限制，变对口合作为区域合作。同时，在合作中要充分发挥各类经济主体的参与作用，并不断完善地方合作的配套机制。

曹阳、王亮（2014）认为，在不同的经济环境下，对不同产业、不同的领域、不同合作内容，不同的经济主体会在实践中选择或形成不同的合作模式。

成为杰（2015）通过系统耦合理论来构建区域合作的系统耦合演进模型解释区域一体化进程是一种新的尝试。系统内部普遍存在着耦合与相悖两种作用形式，合作就是通过催化使耦合作用大于相悖作用。区域内部政府合作推动了经济合作和社会合作，而经济合作又反作用于政府合作和社会合作，从而推动了整个系统的功能演进和结构演进，最终形成了更高级别的结构功能系统，完成了区域一体化。在区域合作中，必须推动政府合作、经济合作、社会合作，同时重视政治、经济、社会合作之间的互动关系。

二、区域合作机制研究

随着经济全球化和区域经济一体化、国内社会经济改革与发展的日益深化，区域合作机制问题已是各地、各界、各行业关注的问题。

潘曦（2016）试图探索区域合作困境的根源，认为：一方面，通过建立健全制度体系以减轻区域合作困境；另一方面，完善区域经济协调制度，通过加强区域协商与沟通，实行区域利益分享与补偿机制，从而抑制地方政府过度竞争的自然倾向，并有效解决区域合作困境及巩固区域合作。

蒋瑛、郭玉华（2016）借鉴欧共体和长三角区域合作机制的成功经验，认为成功的区域合作应从目标、动力、市场、协调、利益共享机制等方面来筹建。采取一系列激励措施，借助法律体系，多共享、多协商，促使区域经济共同发展。

程永林（2016）从泛珠三角和东盟区域经济合作的视角指出，有序的竞争机制、良好协调机制、规则约束机制、信息合作机制、绩效激励机制、利益补偿机制等是促进区域有效合作的制度保障。

三、区域合作对策研究

于家琦（2016）认为，随着市场经济的不断深化，区域合作是必经之路。但国内区域合作并不令人满意，行政区划的体制障碍、合作成员的利益分配问题是主要难点。研究认为，促进区域合作的顺利进行，应建立"一个组织体系和两个保障机制"，即具有约束力的区域合作组织体系、规范区域合作行为的约束机制和协调成员利益关系的激励机制。

王再文、李刚（2016）总结和借鉴欧盟的经验，提出多层治理是区域合作协调的一种新型机制，合作成员共同参与政策的制定和执行以实现各方利益。这一治理模式将有利于我国区域合作的顺利发展，并有助于解决我国区域合作过程中所面临的体制上的矛盾和不足。

李广斌、王勇、黄明华（2016）从效用最大化角度，认为经济、社会和政治晋升是制约地方政府区域合作的因素。其研究在解释地方政府效用函数时考虑了地区公平、官员政治晋升影响因子，研究认为，不断创新政绩考核制度、规范地方政府间的利益博弈机制、建立合作伙伴关系是促进区域合作的有效途径。

四、区域合作法律研究

韦以明、周毅（2015）以国内目前最大的区域合作经济——泛珠三角区域合作为重点分析材料，认为区域合作要经久不衰并实现多赢，必须从区域协调层面上升到国家协调层面，淡化政策调整、强化法律调整。高娟（2016）认为，在区际经济合作过程中，通过行业协会来解决区际经济合作各方的矛盾，已经作为前沿性课题被提上日程。研究通过分析环渤海区域合作现存问题，提出解决思路即发挥行业协会的作用，针对现有行业协会立法的不健全，建议在制定社会组织法和行业协会法，以及修改社会团体登记管理条例等方面完善相关的法律规定。

赵晔、钱继磊（2015）针对目前既有研究现状，从法理学的维度对区域经济与区域合作论题进行宏观性地反思，并以"环渤海区"为例分析了区域经济与区域合作中存在的深层问题根源。

陈光、孙日华（2015）认为，无论是国际还是国内，区域合作是重要的发展模式或战略选择。我国同样如此，区域合作与发展离不开制度的维系。石佑启（2014）指出，随着经济全球化和区域经济一体化两大潮流日益深化，合作与发展成为当今世界的主流。加强区域合作，推进区域一体化进程，需要建构有效的法制保障平台，离不开软法的引导和规范。我国应充分发挥软法的治理作用，建立健全相应的机制，着力解决区域合作中的制度供给和机制设计与运行的问题，实现区域经济的协调、有序、可持续发展。

第三节　对口支援的既有研究

对口支援即经济发达或实力较强的一方对经济不发达或实力较弱的一方实施援助的一种政策性行为。目前大部分是由中央政府主导，地方政府为主体的一种转移支付模式。

一、关于对口支援必要性的研究

具有中国特色的对口支援政策实施有效地减轻了地方的财政缺口，减轻了政府的财政压力，保证了受援地区的财政支出能力，为社会经济发展奠定了基础。

阿拉塔高娃（2015）率先通过考察沿海地区与少数民族地区的对口支援历程，认为对口支援是推动少数民族经济和社会发展的动力。建立和巩固东南沿海地区与少数民族地区的对口支援和经济技术协作的横向联系，对促进两类地区的发展和加强区域经济的协调，逐步消除差距，必将产生深远的影响。

陈志刚（2015）以哈罗德—多马经济增长模型为框架，以江西省直部门对口支援成功事实为案例，采用"贫困恶性循环"理论、新增长理论，指出对口支援是推动民族经济走出贫困恶性循环、发展经济和推进小康建设的必经之路。

李庆滑（2014）肯定了对口支援制度在促进少数民族地区建设、区域间协调发展、各民族团结一致及维护社会安定的重要意义，并更深刻地指出，在目前中央权力下放的时代背景下，对口支援能有效缓解财政压力、发挥地方政府调控能力和增强政府信用的现实效应。研究认为，解释省际之间对口支援，应该从"支援"行为和"对口"规则两个层面进行。

王国翔、徐阳光（2016）等集中研究了灾后恢复重建的对口支援，指出对口支援模式的运行基础在于中国特色的国家领导体制、中央与地方秉持共同政治伦理价值，以及现实战略性、特殊性和紧迫性的需要。

花中东、刘忠义（2017）通过实证检验证明，对口支援政策的实施，增加了公共投资的力度以及财政、金融等优惠政策的效应，吸引了大量的私人资本的投入，短期内有效地刺激了当地的消费和就业需求，促进了地方经济增长；从长期效应来看，对经济的增长效应是可实现的。

二、对口支援运行机制的研究

赵伦、蒋勇杰（2016）认为，对口支援政策首先是为了促进边境地区和少数民族地区共同发展和共同繁荣，同时也在不断发展中丰富了其内涵和形式，总结概括了对口支援的政策模式主要有三种：对边疆各民族地区常规性对口支援；对重大工程实施地定向性对口支援和对类似重大工程实施地的对口支援——通常是在工程受益地与工程实施地之间建立定向性的对口支援政策，这在一定程度上体现了对口支援的利益分享与利益补偿特征；对受重大损失灾区的救急性对口支援。

赵明刚（2015）根据受援客体的不同，认为对口支援模式可分为边疆地区对口支援、灾害损失严重地区对口支援和重大工程对口支援等三种政策模式。政策工具常采用资金援助、项目援助和智力援助等多种手段，主要用于受援地区的经济发展、教育、医疗和卫生等社会事业以及基础设施建设等多个方面。研究认为，对口支援在促进欠发达地区的发展、增强区域发展的协调性、加强地区间的经济交流以及促进民族团结等方面发挥了相当积极的作用，产生了良好的政治效益、经济效益和社会效益，但在政府与市场的关系、政策的评价体系以及政策工具上仍有待完善。研究指出，我国未来对口支援政策的主要创新路径是：政府与市场的关系应更加注重发挥市场机制的作用；政策的评价体系应该建立科学有效的评估机制；政策工具应从简单化向精细化转变，多项政策工具配合使用。

董世举（2016）针对援藏工作出现的一些新情况、新问题，认为在我国对口援藏工作中，对政策评估工作尚未引起足够的重视和关注，从而导致很多事实上已经失效的政策目前仍然在实施，一些行之有效且针对性、可行性强的政策得不到应有的肯定及有效推广，并提出规范、有效的监督机制是对省际间支援工作优化的重要保障。

俞晓晶（2016）通过建立一个两阶段博弈模型，认为两地政府之间的合作态度影响着对口支援的成效，而以产业转移为主要方式的长效合作——通过产业转移，促进受援地区优势产业的发展以及传统产业的改造，不仅能够实现受援地的自我发展，还能够实现双方合作的"共赢"。

韦凤琴（2015）在分析新一轮对口援疆政策实施的背景，总结试点一年来的经验和存在难点的基础上，提出要构建可持续发展和长效合作的对口援疆机制，并对完善该机制的途径展开分析。

莫代山（2014）总结了武汉市对口帮扶来凤县的措施、成效、经验和不足，认为发达地区对口支援不发达地区必须处理好以下几点：强调自力更生，提升不发达地区的"造血"功能，重点发展农村经济，妥善保护和发展少数民族传统文化。

邓宏兵、杨喻兵（2015）分析了对口支援框架下产业转移与承接的背景及意义；从转移农业新技术、建设工业园区、对接招商等角度总结了对口支援框架下产业转移与承接的模式；提出对口支援框架下产业转移与承接的途径主要是引资入园，提升产业园区的功效，带动灾区产业结构升级，依托工业园区积极发展外向型产业集群、大力发展生产性服务业，以促使产业集群持续发展；认为灾后对口支援框架下产业转移与承接的政策体系建设非常重要，从操作层面看，重点是企业援助政策、土地支撑政策、人才支撑政策、科技支撑政策的出台和实施到位。

黄艳芳（2016）肯定了对口支援在经济、社会、文化等各项事业中对受援地区产生的积极效应，但是目前还存在诸多问题，如法律法规不健全、行政体制不协调、缺乏评估监督机制等问题。因此，为保障对口支援高效、持续地运行，必须构建一个科学运行机制，即目标机制、约束机制、动力机制三位一体的有效结合。

三、对口支援法理的研究

杨道波等（2013，2015）则认为，经过几十年的法律制度建设，对口支援和经济技术协作法律制度已经形成了较为完善的法律法规体系，但缺乏内部协调性，不仅实施具有较大的随意性，而且实施效果也还不太理想。因此，应该加强对口支援和经济技术协作的立法协调，逐步形成一套和谐统一的法律体系，建立对口支援法律制度的实施机制。

熊文钊、田艳（2015）从对口支援制度的产生、演进入手，分析了中国特色的对口支援制度的优势、性质和理论基础，总结了实行对口支援政策的经验及存在的主要问题。研究认为，加强对口支援法律体系的建设，规定援助方与受援方的权利和义务、规定企业的社会责任条款等立法迫在眉睫；同时提出，应将对口援疆纳入整个国民经济和社会发展规划，建立稳定的资金与物资筹集管理制度、人才选派制度、行政指导和奖励制度、跟踪协调制度以及落实民族自治地方利益补偿制度等建议。

刘铁（2015）认为，在促进东部地区扶持西部地区发展、内地支援少数民族地区发展、引导发达地区与欠发达地区合作，以及深化生态效益补偿等领域，对口支援机制具有宽泛的适用价值。但对口支援在汶川地震灾后恢复重建的成功实践背后，其机制的运行还存在诸如行政指令明显、对口结对不平衡等问题。因此，构建相应的法律制度进行矫正和固化就显得十分必要。

周建伟（2015）以玉树灾后重建为例，剖析了对口支援的运行过程。研究提出，以完成政治任务的单边支援正逐步演变为对口合作，其运行逻辑正体现由执行任务转变为履行法律义务，这正是对口支援法治化的源泉。

杨亚辉（2016）认为，对口支援作为我国的一项政策机制，从实施之初到现在，已经取得了很多成效，但应该建立对口支援双方的意思表达机制、政府行为与市场行为的协调机制、对口支援的契约制度，以完善行政运行制度。

四、对口支援与横向财政转移支付关系研究

徐阳光（2016）从财政转移支付的角度对新中国成立以来所有的对口支援的运作进行了分析，指出所有的对口支援都具有横向转移支付的雏形，但内容上却超出了财政转移支付的范畴，运行机制具有政策主导型特征，而且缺乏相应的法律规范。钱莲琳、钟晓敏、路春城（2016）对史无前例的汶川灾后重建的历史壮举深深认同，这种"兄弟式互助"呼唤一种规范而长效的横向转移支付制度。

花中东（2014）从总量上和支出结构上肯定了对口支援的重大意义，即减轻财政缺口、促进地区间财力均等化。研究认为，对口支援作为我国特有的一种横向财政转移支付形式，其使命归根结底就是促进基本公共服务均等化。

伍文中（2015）认为，实施多年的对口支援实质上是有中国特色的横向财政转移支付行为。为了更好地发挥其在国民经济发展，促进民族团结、社会稳定等方面的独到作用，建立更为规范化、科学化的横向转移支付制度势在必行。研究诠释了对口支援本质，探讨了横向财政转移支付制度在我国目前存在的必要性和现实可行性，并从伦理基础、法理依据、内容体系、执行标准、运行平台、考核体系、分工边际等方面提出新的思考及对未来的展望。

朱光磊、张传彬（2014）认为，对口支援是一个具有明显中国特点的府际关系现象。在三峡移民、重大灾害重建、西部开发等一系列工作中，这一制度安排发挥了重要作用，在一定程度上弥补了财政收支的空间分布不均，平衡了区域间的基本公共服务供给，并在调整区域关系和促进民族团结方面发挥了特定作用。

王忠东、郭松朋（2016）以公共管理为视角，分析了对口支援的合理性。研究认为，加大对口支援的支持力度，离不开政府政策与资金的支持，同时应当建立健全对口支援运行机制，加大宣传力度。

国内学者从不同角度对对口支援进行了深入研究，尤其是以对口援疆、汶川灾后重建、玉树灾后重建等为例，实证了对口支援是我国特殊时代背景下特有的一种横向财政转移支付形式。研究一致建议，将这种临时性、有针对性的对策和措施上升到国家法律层面，构建区域协调发展的长效机制。更可喜的是，有些学者已经看到了对口支援具有的横向财政转移支付本质，但是如何实现"适时转身"鲜有论述。

第四节　横向转移支付的相关研究

一、横向转移支付必要性研究

刘溶沧、焦国华（2016）对我国地区间的财政能力差异进行了定性与定量研究，实证性评估了财政转移支付制度的调节效应，认为现行的财政转移支付制度有利于实现纵向平衡，而对实现横向平衡没有发挥应有的作用，政策实践中应集两种转移支付方式的优点综合运用。

王恩奉、汪文志（2015）以安徽省为例测算了地区间财力差距，首次提出了"削峰填谷"式的横向财政转移支付的新构想，该模式以人均财力为标准，采取按一定比例提取、"削峰填谷"的方式，将人均财力高的地区的财政资金向人均财力低的地区转移。

李坤刚、鞠美庭（2015）针对中国经济发展中出现的"反溢出效应"，基于生态足迹理论，主张建立补偿理论并尝试确定补偿的基本标准。研究认为，中国有 13 个省份需要给其他地区支付一定标准的生态补偿。应支付生态补偿的地区多为东部沿海的经济发达地区，应接受补偿的地区多为较落后的中西部地区。

胡仪元、刘强（2014）认为，生态补偿有利于生态生产的持续性和资源的共享性，生态补偿机制的构建是发展边缘地经济与构建和谐社会的内容之一，研究提出四种生态补偿模式：投入型、效应型、预期型、综合型，为实践操作提供思路和参考。

苏旭、田鑫（2015）指出，横向财政转移支付是基于财政均等化而设计的一种财政工具，也是统一规范透明的财政转移支付制度的重要组成部分。研究认为，公共服务基金和项目共同基金作为横向转移支付的重要手段，是缩小横向财政缺口、实现公共服务均等化的重要途径。

二、横向转移支付可行性研究

单一纵向转移支付精准扶贫功能不足，而横向转移支付雏形初具精准效应。单一纵向转移支付精准扶贫功能不足，拉大了区域差距（Tsui，2005；Shah，2013；范子英，2015；安体富，2016）。成艾华（2015）、唐善永、李丹（2015）发现，现行纵向转移支付对民族贫困县财政收支产生了消极影响；与之相对，横向转移支付雏形（对口支援）则渐显精准扶贫效果。许多学者高度评价了其精准扶贫成效（靳薇、刘铁，2017），更多学者坚持应该将其改进为规范化的横向转移支付（徐阳光，2016；熊文钊，2014；汤学兵，2014；吕中军，2014），但未能明确改进内容及运行机制。

路春城（2016）基于汶川震后重建方案认为，我国横向财政转移支付的建设路径应该是建立健全横向转移支付的相关法律法规、统一规范横向转移支付的标准。

王玮（2015）指出，德国财政平衡体制的实践可资借鉴之处颇多，但不能照搬一切，尤其是我国目前还不完全具备这些条件。其中，特别提到了我国巨大的区域经济差距和目前财政的技术条件。其不足之处在于将德国的横向转移支付作为唯一版本，忽略了我国特色和多年的对口支援历史。

姚原（2016）基于我国财政管理水平，借鉴德国横向政府转移支付制度，就分税制体制下我国建立横向转移支付制度进行了可行性分析并提出了政策建议，设计出纵向均等化和横向均等化财政转移支付资金的比重应分别为70%、30%。

张谋贵（2016）借鉴国外的成功经验并结合我国实际，认为完善转移支付制度需增加横向转移支付环节：税收返还制度既然没有均衡作用应将其取消，建立地区间区域基金、粮食补偿专项基金、生态补偿基金，以促进横向均衡。

高琳（2015）认为，横向财政转移支付对均衡地方财力具有重要作用，进而能够均衡地方政府提供基本公共服务的能力。横向财政转移支付作为一种制度创新，其推行和实施应考虑到地方政府的利益诉求，充分发挥地方政府的自主性和创造性，让财政能力强的地方政府自己选择适宜的转移支付对象，中央政府只需研究制定有利于地方政府关注长期"经济发展"的政绩考核标准。

杜振华、焦玉良（2015）指出，生态补偿是我国横向转移支付的重要坐标，建立区际生态转移支付基金为实现生态在某一区域内有效交换的重要模式，区际生态转移支付基金必须由相关地方政府共同推动，并采取市场化运作基金的方式，从而形成计划与市场两种手段作用于生态转移支付的新机制。

三、横向转移支付模式探讨

李齐云（2015）认为，生态环境具有显著的跨区域性，区域性生态服务的各受益地区往往隶属于不同的行政区划，分属于不同级次的财政，因此，协调处理好区域内生态与经济之间的关系十分复杂。破解这个难题的一条重要途径是建立基于生态补偿的政府间横向转移支付制度，并以此为视角讨论横向转移支付的内容和标准。

张圣（2016）设计了简单平均模型和复杂综合模型来度量我国横向转移

支付制度。两种模型比较而言，后一种比较科学，具体描述了基本财力和生态保护指数的计算方法，并以此为依据来建立横向转移支付制度，其中也考虑了多项经济因素，如人均GDP、人均收入、人均支出等。该模型比较科学，论证较完善，但测算生态保护指数时只考虑了各省生态保护区面积，有些粗糙。

徐阳光（2015）认为，中国目前最为缺失的一种财政关系就是横向转移支付，以行政主导方式出现的"对口支援"是横向转移支付制度的雏形，具备了横向转移支付的一些特征，可以考虑借鉴德国的"纵横均衡"模式，继续推而广之，以促进政府间财政关系的法治化。

徐文东（2015）认为，对口支援就是横向转移支付的表现，在借鉴国外横向财政转移支付法律制度实践的基础上，结合我国实际情况，试探性地构建了横向财政转移支付法律制度的主要内容：模式、目标、原则和法律关系的主体、客体、内容、程序以及相关配套制度等。

葛乃旭（2015）对如何改进我国政府间转移支付制度，以提高其均等化效果进行了相关的研究。研究认为，体制的弱化导致了区域差距的扩大，并定量分析了现行政府间转移支付制度运行的结果，探讨了现行制度为何会存在这种缺陷。最后，比照德国政府间转移支付制度，提出了建立一个适合于我国实际情况的、纵向和横向转移支付相结合的、均等化效果更好的政府间转移支付制度的具体方案。

第五节 既有研究不足及未来研究趋势

以上研究可资借鉴之处颇多，但在如下三个问题上未能达成共识：对口支援是否就是横向转移支付？我国需要横向转移支付吗？我国需要什么样的横向转移支付？

本书认为，我国实施多年的对口支援在本质上就是横向财政转移支付，这是不容怀疑的。当务之急是将这种应急性的财政行为规范为长期的均衡机制。当然，谈起横向财政转移支付大可不必"言必称德国"，中国有中国的国情，中国特色的横向转移支付可能适用范围更广，尤其是对那些发展中国家而言，更是如此。基于建立有中国特色的横向转移支付体系的需要，以下问题将是未来研究的重点和方向：

1. 我国有无建立规范化横向转移支付制度的必要性和可行性？我国似乎缺乏横向财政平衡体制有效运作的法治环境和技术条件，但是具有横向转移支付性质的对口支援多年来一直有效实施着，如何认识这个"不可能"之中的"可能"？建立横向转移支付的条件是否只有德国一个版本？

2. 有中国特色横向转移支付制度体系的伦理准则和法理依据何在？如何通过相关的制度和法律安排，使之由政治热情所支撑的应急对策演进为一种制度化、规范化的经常性财政合作行为？对口支援是在支援方与受援方之间的一种经济关系和人文关怀，这种社会关系的基础是什么？当前主要有共同致富论、政治服从论、民族特殊论、生态补偿论、基本财力均等论、自然灾害论等，如何对这些论点进行价值甄别，进而确立中国横向转移支付的理论基础？

3. 如何根据"共担、共享、共赢"原则，构建有中国特色的横向转移支付内容架构体系，并因应性设计运行模式、转移标准、资金来源、组织体系，使之更好地服务于区域协调发展？本书认为，横向转移支付体系应该包括资源与环境补偿、基本权利均等维护、灾难及突发事故救助、区域共同开发、民族团结和特殊文化保护五大层次。那么，如何根据不同层次的横向转移支付设计不同的原则、不同的运行方式、不同的运行平台，从而保证该行为可持续运行？

4. 如何设计我国横向转移支付的执行标准？当前主导的"上一年度财政收入1%"的转移标准是否科学可行？笔者认为，上述五大横向转移支付内容可以对应着生态足迹标准、人均财政能力均等化标准、最低损失标准、等边际收益标准、支付意愿标准等。问题是，这些标准如何量化为工作量？

5. 如何针对横向转移支付内容的层次性设计科学的绩效考评体系，使得该考评体系既体现公平，又兼顾效率；既体现政治意图，又遵从经济规律；既着眼于受援地，又放眼于支援地？笔者认为，当前以"交钥匙""开支票"为标准考核横向转移支付失之偏颇。应根据横向转移支付内容的层次性及设计初衷来建立绩效考核体系。例如，资源与环境补偿类横向转移支付应根据成本收益内在化原则考核绩效，基本权利均等类横向转移支付应根据横向均等化原则实施考核，灾难及突发事故救助类横向转移支付应坚持损失最小的考核原则，区域共同开发类横向转移支付则按照机会成本原则，民族团结和特殊文化保护类横向转移支付应遵从定额可比原则考核绩效。问题在于，这些原则如何进一步形成可操作的评估指标体系？

6. 横向转移支付和纵向转移支付如何分工？本书坚持横向转移支付在整个转移支付体系中处于补充地位。在促进区域协调发展进程中，纵向和横向转移支付应有侧重和分工，否则将引致"越位"和"缺位"。政府目标的多样性，如何使得两者互相配合，最终实现政策目标？两者在整个转移支付体系中的份额如何确定？

第三章　协调发展视角下的中国区域差距

第一节　区域协调发展及意义

一、区域协调发展的定义及意义

区域是一个多层次、多角度的概念，从不同的视角来观察可以有不同的理解。本书认为，"区域"作为一种空间概念，是由各种政治、经济、文化、地理、社会、民族等要素所填充和排列组合的单元。就我国来说，区域的类型划分为东部、中部和西部地区等。

区域协调发展是区域间生产要素流动有序、利益分配合理、发展差距适度、相互依存、相互适应、相互促进、错位发展的状态。区域协调发展包括经济、社会、环境、政治等多个维度。

中国是一个人口众多、幅员辽阔、区域差异显著的发展中大国，促进区域协调发展对于中国全面建设小康社会、加快国家现代化进程具有重大的战略意义。

在传统的高度集中的计划经济体制下，区域仅被作为国民经济总体布局中的一个因素来考虑，地方政府缺乏独立的表现方式和争取独立利益的冲动。改革开放以来，这种纵向控制方式，在推进国家工业化的道路上，成效斐然。但也显露出一些严重问题，如区域间经济增长严重失衡、区域间发展差距不断拉大等问题。

在中国迈向 21 世纪之际，东部地区要持续稳定发展，中西部地区要加快发展，从而最终实现东部与中西部的协调发展。区域协调发展的核心是实现区域之间经济发展的和谐、经济发展水平和人民生活水平的共同提高、社会的共同进步。具体到我国现阶段东西部协调发展而言，是要求创造平等发展的条件，促进合理分工、加快中西部的发展，实现在增长速度，区域分工和体制、观念意识等方面的协调发展。

二、财政与区域协调

影响区域协调发展的主要因素是自然环境因素、历史文化因素、政策制度因素。其中，政策制度因素之中的财政体制因素对促进区域协调发展影响很大，作用力较强。尤其是，财政责任和财政资源在中央与地方之间的分配，以及中央的财政转移支付在各地区之间的再分配，都会影响不同地区的发展能力。

政府间事权责权和支出责任划分对区域协调发展的影响可以分为直接影响和间接影响两个层面。直接影响主要体现在各地区公共服务的供给效率上；间接影响主要体现为通过公共服务供给而对区域经济发展带来的效应。

政府间财政转移支付是实现地区间财力再分配的主要手段，其一般具有缩小地区间财力差距的功能。财政转移支付是政府间调节收入分配关系的政策措施，作为一种重要的区域补偿政策，也是各国在缩小区域发展差距的实践中所普遍使用的政策工具。无论是纵向转移支付还是横向转移支付，都体现了地区间利益关系的调整。一般情况下，财政转移支付的规模越大，其调节地区间财力分配的能力就越强，就越有可能促进地区间的财力平衡。地区间财力失衡程度越高，就越需要中央政府通过大规模的财政转移支付来改变地区间财力分配不平衡的状况。

第二节　我国区域经济发展差距评估

一、区域经济差距的衡量方法

目前，对区域经济差距程度的评估一般都使用趋同程度和速度来衡量。趋同一词源于数学，含义是一个数列收敛于某一个值。在经济分析中，"趋同"指的是地区间或国家间的收入差距随着时间的推移存在着缩小的趋势，这种趋势又叫收敛性。

收敛的数学意义表示函数极限存在性。其统计定义表示为统计变量最终趋于一致的一种变化趋势，与之相对应的趋势则是发散，表示差距越来越大。一般而言，经济收敛大致可以分为 β 收敛、σ 收敛和俱乐部收敛。本书主要使用 β 收敛方法来检验区域差距的趋同程度，包含绝对 β 收敛和相对 β 收敛。

1. 绝对 β 收敛。沿用 Barro[①] 的定义，绝对 β 收敛是指欠发达的国家或地区会比发达的国家或地区有更高的增长率，以至于随着时间的推移，所有国家或地区人均收入水平都将收敛。绝对 β 收敛的回归方程式为：

$$[\ln\{y_{i,t}/y_{i,t-T}\}/T] = \alpha - [(1 - e^{-\beta T})/T]\ln y_{i,t-T} + \xi_{i,t} \qquad (3-1)$$

其中，$y_{i,t-T}$ 为初始值，$y_{i,t}$ 为期末值，T 为时间跨度，β 为收敛系数。正的 β 意味着初始落后地区增长速度越来越慢，β 越大表明发散的趋势越强。负的 β 意味着初始落后地区比优势地区增长更快，β 越小表明收敛的趋势越强，穷富地区之间差距越来越小了。

2. 条件 β 收敛。哈维尔·萨拉 - 伊 - 马丁（Barro Sala-i-Martin，1995）假设经济体之间存在异质性，这些异质性导致了经济变量的变化趋势各异，所以不同的经济体可能具有不同的稳态，尤其是控制了一些所谓的稳态因素之后，经济体离其稳态越远增长就越快，这就是条件 β 收敛。检验条件 β 收敛的回归方程式为：

$$[\ln\{y_{i,t}/y_{i,t-T}\}/T] = \alpha - [(1 - e^{-\beta T})/T]\ln y_{i,t-T} + \phi X_{i,t} + \xi_{i,t} \qquad (3-2)$$

经济增长的收敛性假说在不同的国家和地区进行了大量的实证研究。其主要源于经济生活中趋同机制的存在：

第一个趋同机制是资本的边际收益递减。区域资本收益率不是一成不变的，存在"资本边际收益递减规律"。如果发达地区发展到一定程度，出现了资本边际收益递减现象，意味着产出增长低于资本存量增长，即随着资本的积累，边际生产率会下降。

第二个趋同机制是技术的区域传播、扩散和转移。技术落后者对技术先进者的模仿、赶超或先进者的技术"溢出效应"成为国家间或地区间发展趋同的重要机制。

第三个趋同机制是市场一体化及其条件下的各地区要素流动、分工与交

---

① ［美］罗伯特·J. 巴罗，哈维尔·萨拉 - 伊 - 马丁. 经济增长［M］. 何晖，刘明兴，译. 北京：中国社会科学出版社，2000.

换、竞争与合作、优势互补、良性互动。

二、我国区域经济收敛性的考量

改革开放以来，中国各个地区的经济都取得了巨大的发展。但是，在面对纵向快速发展的同时，各个地区的横向发展是失衡的，仍然存在着相对差距。表3－1反映了我国区域人均GDP差异情况。

表1－1	我国区域人均GDP差异情况			单位：元	
年份	全国	东部	中部	西部	民族地区
2002	2998	4854	2018	2014	2096
2003	4044	6369	2575	2557	2668
2004	5046	7870	3301	3157	3251
2005	5846	9096	3901	3631	3688
2006	6420	10210	4373	4039	4084
2007	6796	11057	4677	4363	4429
2008	7159	11875	4891	4633	4707
2009	7858	13184	5420	5068	5143
2010	8622	14357	5951	5571	5671
2011	9398	15941	6551	6158	6255
2012	10542	18268	7497	7063	7197
2013	12336	21511	9130	8463	8611
2014	14053	24713	10635	9849	10064
2015	16500	28166	12209	11504	11786
2016	20169	32840	14722	13827	14177
2017	23708	37782	17830	16782	17203
2018	25575	38451	19249	18647	19871

资料来源：2002～2018年《中国统计年鉴》。

从表3－1可以看出，东、中、西部之间人均国内生产总值差距很大，特别是中西部之间差距极大。但是其相对差距程度呈现小幅度减缓趋势。新中国成立初，东部地区人均 GDP 为西部地区的 2.4 倍，到 2018 年则减少为 2.1 倍。

人均国内生产总值的差异必然带来收入的差距。本书选取国民收入分配中的最短板——农村人均纯收入的差距来分析，见表 3 - 2。

表 3 - 2			我国区域农村人均纯收入比较			单位：元
年份	全国	东部	中部	西部	民族地区	变异系数
2002	922	1380	774	703	724	0.3139
2003	1221	1802	1052	899	911	0.319
2004	1578	2323	1369	1100	1116	0.3384
2005	1926	2774	1712	1322	1333	0.3317
2006	2090	2999	1921	1471	1473	0.3175
2007	2162	3156	1978	1584	1577	0.3114
2008	2210	3235	2019	1617	1607	0.3137
2009	2253	3327	2071	1634	1615	0.3224
2010	2366	3552	2160	1700	1676	0.3362
2011	2476	3798	2277	1800	1776	0.3416
2012	2622	4080	2370	1923	1910	0.3465
2013	2936	4550	2720	2145	2116	0.3442
2014	3255	5006	2981	2357	2330	0.3448
2015	3587	5504	3301	2576	2580	0.3437
2016	4140	6201	3846	3005	3004	0.326
2017	4761	7016	4437	3481	3458	0.3155
2018	5153	8148	4658	3648	3547	0.3736

资料来源：2002 ~ 2018 年《中国统计年鉴》。

可以看出，区域间农村人均纯收入差距近 20 年来不断拉大。东西部农村居民人均纯收入由 1993 年的 1.8 倍扩大到 2018 年的 2.3 倍。中部地区农村人均纯收入也由 1993 年的基本持平发展到 2018 年的 1.3 倍。

经济差距必然导致就业率的差距。本书选取城镇登记失业率比较东、中、西部及民族地区就业状况的差异，见表 3 - 3。

表 3 - 3　　　　　　　　　　我国区域失业率情况比较　　　　　　　　单位:%

年份	东部	中部	西部	民族地区	变异系数
2003	1.62	1.79	3.13	3.03	0.29
2004	1.72	1.88	3.24	3.14	0.2797
2005	2.01	2.38	3.22	3.23	0.1959
2006	2.11	2.72	3.2	3.16	0.1576
2007	2.25	2.76	3.65	3.81	0.2064
2008	2.32	2.94	3.36	3.34	0.1417
2009	2.79	2.95	3.29	3.39	0.079
2010	3.03	3.03	3.33	3.39	0.0516
2011	3.51	3.4	3.66	3.73	0.0362
2012	3.96	3.67	3.87	3.93	0.0295
2013	3.98	3.8	3.98	4.03	0.0221
2014	3.85	3.83	4.09	4.19	0.0383
2015	3.78	3.84	4.13	4.18	0.0443
2016	3.68	3.86	4.08	4.11	0.0442
2017	3.52	3.76	3.96	3.98	0.0492
2018	3.54	3.74	3.96	3.98	0.0478

资料来源:2003～2018《中国统计年鉴》。

由表 3 - 3 可以看出,中西部的失业率远高于东部,尤其是民族地区的城镇失业率超出东部地区 10.1%。就业状况的差异必然导致收入、消费等的差异,这更进一步影响了地区经济的可持续发展。

进一步,我们发现,发达地区经济发达主要源于其改革开放之先行先试,利用外资的规模和效率也远高于中西部地区,这在一定程度上加剧了东、中、西部地区的经济差距,产生了极化效应。具体情况见表 3 - 4。

表 3 - 4　　　　　　　　　我国区域实际利用外资比较　　　　　　　单位:万美元

年份	东部	中部	西部	民族地区	变异系数
2003	2305028	191674	220915	191674	0.377
2004	3077728	234774	280049	234774	0.379
2005	3392961	291181	283870	291181	0.235

续表

年份	东部	中部	西部	民族地区	变异系数
2006	3864740	348494	231812	348494	0.232
2007	4107378.4	417148	300865	417148	0.21
2008	4065409	436627	302274	436627	0.201
2009	3996214	313730	243551	313730	0.251
2010	4083062	293592	257832	293592	0.263
2011	4524706	334505	251032	334505	0.26
2012	5413808	459569	282852	459569	0.242
2013	6761922	583078	310502	583078	0.241
2014	6463514	705227	356487	705227	0.201
2015	7103548	887289	466544	887289	0.175
2016	8595450	1155924	629289	1155924	0.159
2017	10386204	1654368	814006	1654368	0.122
2018	11855958	1939899.7	1264670	1939899.7	0.111

资料来源：2002～2018年《中国统计年鉴》。

从表3-4可以看出，东部地区实际利用外资基本是西部地区的10倍左右，是中部地区的5～6倍。这在很大程度上导致了区域经济发展差距。

看来，我国区域经济差距有不断拉大的趋势，但是也存在收敛的趋势。为检验这个趋势的强弱，本书按照"三分法"，将全国划分为东部、中部、西部、民族地区。东部地区包括北京、上海、天津、黑龙江、吉林、辽宁、山东、江苏、浙江、福建和广东；中部地区包括安徽、河北、河南、湖北、湖南、江西、山西和海南；西部地区包括新疆、青海、甘肃、宁夏、陕西、内蒙古、云南、贵州、广西、四川和重庆、西藏。民族地区包括新疆、西藏、宁夏、广西、内蒙古。

为了尽可能保持各区域间经济体制变量一致性的假定，样本分析的是2011～2018年各省份人均国内生产总值（rgdp）、人均纯收入（rincom）、人均消费额（rexpend）等数据。数据来源于《中国统计年鉴》（2011～2016）。

根据上文的计量方法，计算结果如表3-5所示。

表 3 - 5   区域经济水平绝对收敛检验，OLS 回归

变量	全国	东部	中部	西部	民族地区
$\lambda(rgdp)$	- 0.017 **	0.038 **	0.0014	- 0.037 **	- 0.012 **
$\lambda(rincom)$	0.0022	- 0.021	0.011	- 0.041 *	0.033 *
$\lambda(rexpend)$	0.047 **	0.108 **	0.017	- 0.045 **	- 0.077 **
Adj R^2	0.793	0.812	0.776	0.886	0.896
see	0.012	0.021	0.014	0.018	0.019

注：β 为 OLS 回归系数，括号内为标准误；* 表示 10% 水平上显著，** 表示 5% 水平上显著。

从表 3 - 5 的结果来看，人均国内生产总值全国收敛、西部和民族地区收敛，中西部发散。人均纯收入中部、西部收敛，其他都发散。从人均消费水平看，全国、东部、中部都发散，而民族地区、西部地区收敛。

根据前文的方法，按照邦德（Bond，1990）等的做法，把式（3 - 2）中的变量全部去除时间均值，考虑政府转移支付、国家宏观政策差异、民族特色等因素，工具变量分别用等式右边解释变量的二阶滞后值，回归结果见表 3 - 6。

表 3 - 6   条件收敛检验，一阶差分 GMM（2 - Step）回归

变量	全国	东部	中部	西部	民族地区
$\lambda(rgdp)$	- 0.023 **	0.042 **	0.0071	- 0.021 **	- 0.0301 **
$\lambda(rincom)$	0.034 **	- 0.018 **	0.013	- 0.035 **	- 0.023 **
$\lambda(rexpend)$	0.049	0.027	0.022	- 0.044 *	- 0.041 *
Adj R^2	0.88	0.84	0.87	0.92	0.89
see	0.2	0.19	0.17	0.1	0.18
Sargan Statistic	5.00	6.54	5.42	3.01	2.78

注：Sargan 检验的零假设为过度识别约束有效；* 表示 10% 水平上显著，** 表示 5% 水平上显著。

从表 3 - 6 的结果来看，考虑到区位优势、转移支付、政策要素之后，全国区域间人均国民生产总值以 2.3% 的速度收敛，快于绝对收敛时 1.7% 的收敛速度。人均纯收入全国、中部发散，其他地区则是收敛，尤其是西部地区在控制了上述变量之后以 3.5% 的速度收敛，即存在俱乐部效应。人均消费水平除了西部和民族地区收敛外，其他都是发散。

第三节　我国区域社会发展差距现状评估

一、我国区域社会发展差距的衡量方法

贯彻落实科学发展观，重要的任务是保障广大社会成员公平享受基本公共服务，使经济发展的成果有效转化为人的全面发展。实现区域基本公共服务均等化，就是要使全体公民在基本公共服务方面的权利得到基本实现和维护，特别是保障中西部等欠发达地区享受均等基本公共服务的基本权利，促进全体社会成员的全面发展。

世界银行的《2005 年世界发展指标》将社会发展的指标体系聚类为七大类：一是社会类指标，二是卫生类指标，三是教育类指标，四是社会保障类指标，五是环境保护类指标，六是公共财政类指标，七是公共基础设施类指标。

考虑到资料的可获得性，本书确立如表 3-7 所示的社会发展差距评估指标体系。

表 3-7　　　　　　　　　　　评估指标框架

一级指标	二级指标	三级指标
社会发展差距评价	基础教育	万人在校小学生
		小学生师比
		小学教育巩固率
	基础卫生	每万人拥有病床数
		每万人拥有卫生技术人员数
	基础设施	每平方公里公路长度
		电话覆盖人口比率
	社会保障	城镇万人低保人口
		农村万人低保人口
		社保基金支出占财政支出比重
	公共文化	电视覆盖率
		每万人图书馆个数

二、我国区域社会发展差距程度评估

(一) 基础教育差距状况

截至 2018 年万人在校小学生全国平均水平为 754.56 人，东部地区为 778.78 人，中部地区为 826.91 人，西部地区为 803.29 人，民族地区较高达 961.79 人。民族地区基础教育水平较高的原因主要在于总人口少，同时计划生育比例低于全国水平，其生育高峰比内地省份滞后 5～10 年。加之近几年由于国家对少数民族农村地区义务教育的免费制度，极大地提高了入学率。从变异系数观察，2014～2018 年，变异系数呈稳定增长态势，表明东中西部地区基础教育差距是不断扩大的，这和各地区经济水平、教育制度、转移支付水平密切相关，详情见表 3－8。

表 3－8	在校小学生人数情况比较				单位：万人
年份	全国	东部	中部	西部	民族地区	变异系数
2002	1048.05	1241.38	1069.17	1080.96	1230.67	0.07
2003	1069.88	1264.62	1086.89	1107.71	1242.79	0.067
2004	1089.42	1277.94	1108.84	1135.53	1262.8	0.063
2005	1112.43	1296.61	1145.06	1162.32	1262.18	0.053
2006	1132.07	1311.94	1177.13	1185.64	1263.73	0.045
2007	1118.44	1286.06	1173.75	1181.01	1239.94	0.038
2008	1077.06	1458.95	1136.41	1149.91	1197.4	0.106
2009	1026.74	1128.65	1085.3	1113.65	1150.77	0.021
2010	982.82	1066.11	1040.53	1086.42	1112.44	0.025
2011	946.39	1011.53	1010.5	1057.51	1080.1	0.029
2012	904.58	966.09	955.86	1021.36	1044.03	0.037
2013	865.17	922.97	901.31	988.61	1018.18	0.05
2014	830.86	886.44	859.82	976.63	1015.65	0.068
2015	814.88	856.2	842.8	969.65	1012.95	0.079
2016	799.52	830.96	842.99	941.32	996.14	0.076
2017	777.96	802.05	834.03	904.82	979.34	0.078
2018	754.56	778.78	826.91	803.29	961.79	0.084

资料来源：根据 2001～2018 年《中国教育统计年鉴》计算。

"小学教育巩固率"这一指标用来跟踪小学教育和中学教育的连续性和可持续性。本书认为,小学教育是中学教育的基础,今天的小学在校生就是6年后的中学在校生,因此用6年后的中学生在校人数比较6年前的小学生在校人数,结果越高越表明中学阶段巩固了小学阶段的教育成果,反之亦然,见表3-9。

表3-9 各地小学教育巩固率比较 单位:%

年份	全国	东部	中部	西部	民族地区	变异系数
2006	51.36	67.22	53.13	42.91	29.65	0.285
2007	54.34	57.72	56.67	46.31	29.77	0.236
2008	56.36	59.6	59.06	48.57	30.54	0.238
2009	58	60.25	61.4	50.62	32.18	0.229
2010	58.67	59.92	62.25	52.36	33.83	0.214
2011	59.81	60.76	62.95	54.03	36.01	0.198
2012	60.93	51.9	63.33	57.01	39.59	0.165
2013	62.62	64.62	63.96	59.65	44.29	0.141
2014	63.48	65.78	63.72	60.64	48.71	0.111
2015	64.05	67.8	62.79	61.53	53.47	0.084
2016	65.17	68	64.54	50.63	58.34	0.109

资料来源:根据2001~2018年《中国教育统计年鉴》计算。

由表3-9可以看到,相比较而言,西部地区的小学教育巩固率低于东中部地区的水平,也低于全国平均水平。以2018年为例,西部地区只有50.63%的小学生能继续留在中学读书,而全国平均65.17%的小学生能继续在中学就读。从变异系数来看,近十年呈递减态势,表明各地区小学教育巩固率的差距在逐步缩小,但进一步巩固加强西部地区的基础教育已显得十分迫切。

小学生生师比是衡量义务教育发展水平的一个重要尺度,是指某一年份中(小)学生人数与同一教育层次工作的教师人数之比。该指标反映的是每位教师对应的学生人数。该指标数越大,说明单位教师完成的工作量越大,生师比达到一定水平后,学生将得不到教师的充足指导,教育质量会有所下降。从全国范围而言,西部、中部地区中小学生生师比高于全国平均水平，2018 年小学的生师比西部地区为 25.74 人，中部地区为 23.25 人，东部地区为 18.92 人，而全国平均水平为 17.88 人。可见，东西差距较大，且从变异系数观察各地差距正在呈逐步扩大趋势，表明西部地区的教师数量配置已明显不足，限制了教育质量的提升，不利于保证学生得到充足的指导。详情见表 3 - 10。

表 3 - 10　　　　　　　　　　小学生师比情况比较　　　　　　　　单位：人

年份	全国	东部	中部	西部	民族地区	变异系数
2002	22.37	22.47	26.85	22.8	24.13	0.072
2003	22.85	22.87	27.4	23.73	25.29	0.069
2004	23.3	23.13	28.12	23.97	24.85	0.076
2005	23.74	23.26	29.09	24.52	24.88	0.086
2006	24.15	23.34	29.8	25.41	25.78	0.09
2007	23.98	22.99	29.55	25.09	24.81	0.094
2008	23.12	21.97	28.35	24.37	23.81	0.094
2009	22.21	20.94	26.98	23.73	22.88	0.092
2010	21.64	20.19	26.2	23.31	22.15	0.095
2011	21.04	19.44	25.57	22.61	21.37	0.1
2012	20.5	18.93	24.75	22.01	20.85	0.097
2013	19.98	18.36	23.87	21.66	20.64	0.094
2014	19.43	17.98	22.96	20.97	20.22	0.087
2015	19.17	17.64	22.54	20.78	20.16	0.087
2016	18.82	17.27	22.52	20.06	19.76	0.093
2017	18.38	16.82	22.4	19.21	19.32	0.102
2018	17.88	18.92	23.25	25.74	18.9	0.135

资料来源：根据 2001 ~ 2018 年《中国教育统计年鉴》计算。

（二）基本医疗差距状况

衡量基本医疗均等化水平可以采用万人拥有病床数、万人拥有医疗卫生技术人员数、万人拥有卫生机构数等指标。总体而言，东部地区各个指标水平较高，表明东部地区基本医疗服务均等化水平也较高，详情见表 3 - 11 和表 3 - 12。

表 3 – 11 　　　　　　　 各地每万人拥有病床数情况比较 　　　　　　　单位：张

年份	全国	东部	中部	西部	民族地区	变异系数
2002	26.15	43.67	12.53	30.74	25.51	0.397
2003	26.15	43.95	12.47	31.09	25.86	0.398
2004	25.93	43.46	12.29	31.21	26.09	0.395
2005	25.33	43.45	12.19	30.77	25.77	0.399
2006	25.35	43.58	12.24	29.9	25.59	0.402
2007	25.19	43.36	12.12	29.74	25.54	0.402
2008	25.11	42.95	12.03	29.27	24.96	0.404
2009	25.07	42.91	12.18	29.05	24.73	0.403
2010	25.08	43.22	12.11	28.87	24.49	0.409
2011	24.41	42.81	11.58	28.09	23.69	0.421
2012	24.48	41.57	11.65	28.66	24.25	0.403
2013	25.14	43.04	11.81	29.08	24.71	0.411
2014	25.75	43.81	11.93	29.67	25.19	0.412
2015	26.72	44.9	12.34	29.78	24.83	0.417
2016	28.01	44.56	12.9	31.2	25.9	0.396
2017	30.41	46.43	14.32	35.82	30.46	0.365
2018	33.09	42.78	20.35	32.45	31.97	0.249

资料来源：根据 2001~2018 年《中国教育统计年鉴》计算。

每万人拥有病床数是衡量各地区基本医疗服务均等化的一个重要指标，它更客观地反映了各地区人均医疗服务均等化的水平。由表 3 – 11 可见，从每万人拥有病床数来看，东部地区最高为 42.78 张，其次是西部地区为 32.45 张，民族地区与其接近为 31.97 张，中部地区最低为 20.35 张，全国平均水平为 33.09 张。从时间的变化来看，从 2000~2013 年，变异系数有所增加，之后逐年下降，表明各地每万人拥有病床数随时间变化有所扩大，近几年又逐渐回落。

表 3 – 12 　　　　　 各地万人拥有医疗卫生技术人员数情况比较 　　　　　单位：人

年份	全国	东部	中部	西部	民族地区	变异系数
2002	35.14	48.16	31.24	20.25	32.16	0.302
2003	34.8	48.17	31.65	20.81	32.63	0.293

续表

年份	全国	东部	中部	西部	民族地区	变异系数
2004	35.9	48.28	31.83	20.8	32.53	0.293
2005	36.1	48.1	31.6	20.76	32.29	0.294
2006	36.5	48.56	31.79	20.54	32.54	0.299
2007	36.4	48.37	31.91	20.62	32.42	0.296
2008	36.4	57.5	31.33	20.52	32.15	0.384
2009	36.3	47.07	31.36	20.43	31.96	0.29
2010	36.2	47.25	31.21	21.53	32.06	0.279
2011	34.1	45.44	29.08	19.05	29.44	0.307
2012	34.76	45.67	29.64	19.3	29.69	0.303
2013	35.31	46.5	29.97	19.61	30.02	0.305
2014	35.7	48.34	29.97	19.35	30.92	0.323
2015	36.56	50.31	30.65	19.28	31.58	0.338
2016	37.55	52.66	32.15	19.31	32.6	0.349
2017	39.16	54.53	33.83	19.98	33.72	0.347
2018	41.52	58.12	32.44	18.44	34.18	0.398

资料来源：根据 2001~2018 年《中国卫生年鉴》和《中国人口和就业统计年鉴》计算。

　　各地每万人拥有医疗卫生技术人员数变动情况与各地每万人拥有病床数类似，两个指标均表明我国基本医疗服务各地区差距较大，东部地区要好于西部地区，城市好于农村。从目前来看，西部农村的卫生医疗水平仍然较低，农民看病难、小病不看、大病看不起的现象依然存在。

（三）基础设施差距状况

　　经过多年的建设和发展，各地区基础设施得到一定改善，但是在一些小城镇和农村，基础设施还比较薄弱。横向比较而言，东部、中部情况较好，西部地区尤其是民族地区较差。2018 年每平方公里公路长度全国平均水平接近 0.40 公里，中部地区为 1.955 公里，东部地区为 0.758 公里，西部地区为 0.228 公里，民族地区只有 0.161 公里，中西部之间的差距高达近 9 倍。各地每平方公里公路长度变异系数接近于 1，表明各地区之间存在较大差异，而且最让人忧虑的是这一差距随着时间的演进一直在逐步扩大，详情见表 3-13。

表 3 - 13 各地每平方公里公路长度情况比较 单位：公里

年份	全国	东部	中部	西部	民族地区	变异系数
2002	0.112	0.086	0.045	0.068	0.046	0.276
2003	0.116	0.09	0.046	0.069	0.047	0.283
2004	0.12	0.139	0.149	0.066	0.048	0.437
2005	0.123	0.127	0.05	0.068	0.05	0.432
2006	0.127	0.13	0.054	0.07	0.052	0.416
2007	0.132	0.134	0.056	0.074	0.055	0.404
2008	0.14	0.137	0.059	0.081	0.061	0.374
2009	0.145	0.27	0.534	0.099	0.082	0.737
2010	0.176	0.151	0.067	0.106	0.087	0.303
2011	0.183	0.154	0.07	0.11	0.091	0.293
2012	0.187	0.219	0.14	0.112	0.092	0.342
2013	0.193	0.253	0.626	0.115	0.095	0.783
2014	0.346	0.35	1.098	0.138	0.11	0.943
2015	0.357	0.516	1.295	0.191	0.144	0.859
2016	0.371	0.587	1.487	0.203	0.151	0.883
2017	0.386	0.694	1.695	0.215	0.156	0.894
2018	0.399	0.758	1.955	0.228	0.161	0.928

资料来源：2002～2018 年《中国统计年鉴》。

电网、通信方面的建设各地区也在不断推进，但总体而言，各地区差距还是比较明显，欠发达地区的农村离全面基本通信网络覆盖的任务还有一定的距离，详见表3－14。

表 3 - 14 各地电话普及率情况比较 单位：部/百人

年份	全国	东部	中部	西部	民族地区	变异系数
2002	2.2	2.98	0.86	1	0.73	0.663
2003	3.2	4.57	1.37	1.76	1.15	0.624
2004	4.66	6.69	2.07	2.31	1.88	0.618
2005	6.33	10	2.9	3.36	2.5	0.657
2006	8.11	12.6	4.61	4.6	3.12	0.598
2007	9.95	15.85	6.34	6.38	4	0.559
2008	13.12	21.23	7.7	8.08	5.21	0.593

年份	全国	东部	中部	西部	民族地区	变异系数
2009	19.1	29.51	11.99	12.25	6.98	0.562
2010	26.55	41.76	17.02	16.7	9.1	0.583
2011	33.67	51.1	22.42	23.05	11.33	0.545
2012	42.16	61.34	29.06	30.24	14.05	0.511
2013	50.03	72.38	34.95	39.04	16.76	0.492
2014	57.23	79.52	40.6	43.39	19.16	0.475
2015	63.4	86.28	46.89	49.81	20.48	0.46
2016	69.45	92.6	52.9	55.48	20.25	0.463
2017	74.29	96.95	56.62	60.79	19.31	0.471
2018	79.21	97.55	58.99	61.55	20.82	0.455

资料来源：2002~2018 年《中国统计年鉴》。

由表 3-14 可以看出，西部地区尤其是民族地区的电话普及率低于中东部地区，也低于全国平均水平，以 2018 年为例，全国电话普及率平均水平为 79.21 部/百人，东部地区为 97.55 部/百人，中部地区为 58.99 部/百人，西部地区为 61.55 部/百人，而民族地区只有 20.82 部/百人。从时间序列观察变异系数，虽然十多年来各地电话普及率变异系数呈递减趋势，但是变异系数数值并不小，2016 年为 0.455，表明各地区电话普及率差距较大，尤其是一些落后地区的农村。

（四）社会保障差距状况

从基本社会保障的区域差距看，西部地区目前社会保障水平相对于其他地区而言还是比较低，城镇、农村万人低保比例远远高于全国平均水平，尤其是 2018 年农村万人贫困人口比例高于全国平均水平的 7 倍，详见表 3-15。

表 3-15 　　　　　　　　　各地城镇万人低保人口情况比较 　　　　　　　单位：人

年份	全国	东部	中部	西部	民族地区	变异系数
2010	31.77	160.25	24.16	122.85	32.7	0.684
2011	91.73	157.85	96.02	399.98	100.99	0.659
2012	160.74	161.09	183.48	633.92	160.11	0.709
2013	173.87	171.93	198.62	691.36	181.95	0.707

续表

年份	全国	东部	中部	西部	民族地区	变异系数
2014	169.63	164.98	195.29	705.59	181.91	0.729
2015	170.85	160.2	151.66	715.83	178.65	0.794
2016	170.41	156.97	151.11	742.55	181.63	0.815
2017	171.95	154.45	153.29	771.04	187.68	0.83
2018	175.83	155.79	154.33	832.21	192.65	0.864

资料来源：根据 2010～2018 年《中国民政统计年鉴》计算。

2018 年，城镇万人低保比例，西部最高为 832.21 人，东西部比例悬殊，全国平均水平为 175.83 人。说明西部地区城市人口的贫困程度高于全国其他地区。

从农村万人贫困人口比例来看（表 3-16），中部地区较高，西部最高。2018 年，东部地区农村万人贫困人口只有 164.15 人，中部地区为 1252.53 人，而西部地区却高达 2252.09 人，说明西部地区农村人口的贫困程度远高于全国平均水平。从变异系数观察，2015 年样本数据变异系数为 0.731，说明各地区之间数据的离散程度较大，差距较明显，尤其是西部地区与东部地区之间的差距高达近 14 倍。

表 3-16   **各地农村每万人贫困人口情况比较**   单位：人

年份	全国	东部	中部	西部	民族地区	变异系数
2009	271.25	245.15	884.85	1658.9	1070.55	0.523
2010	253.19	229.01	1484.7	4195.13	1263.28	0.817
2011	229.34	211.25	1343.6	4422.58	1428.47	0.843
2012	219.54	198.23	1265.14	3896.46	1287.26	0.82
2013	224.41	201.3	1408.01	3568.55	1196.83	0.77
2014	200.79	181.06	1376.3	3159.56	1047.41	0.752
2015	180.87	164.6	1302.77	2894.64	1023.99	0.733
2016	163.41	152.61	1216.45	2782.17	936.48	0.751
2017	111.94	142.29	1446.93	2303.92	801.35	0.681
2018	301.73	164.15	1252.53	2252.09	617.93	0.731

资料来源：根据 2009～2018 年《中国民政统计年鉴》计算。

财政支出中用于社会保障基金的支出比例是决定民族地区社会保障均等

化水平高低的主要因素，但是从近几年的数据分析，中部地区财政支出中用
于社会保障基金的比例同其他地区相比明显偏低，详情见表3-17。

表 3-17　　　　　　　社保基金支出占财政支出比重比较

年份	全国	东部	中部	西部	民族地区	变异系数
2013	0.16	0.15	0.08	0.16	0.13	0.231
2014	0.16	0.15	0.1	0.16	0.14	0.168
2015	0.16	0.16	0.11	0.16	0.16	0.158
2016	0.16	0.17	0.11	0.15	0.14	0.15
2017	0.16	0.17	0.14	0.14	0.14	0.154
2018	0.16	0.18	0.11	0.14	0.13	0.161

资料来源：根据 2013~2018 年《中国民政统计年鉴》计算。

可以看到，社保基金支出占地方政府财政支出中的比重，2015 年中部地
区最低为 0.11，东部地区最高为 0.18，西部地区为 0.14，全国平均水平为
0.16。从这一指标观察，我国基本社会保障在区域分布已经呈现出新的态势，
西部地区已开始超过中部地区，说明缩小区域间基本社会保障差距关键在于
政府的政策导向和制度安排。

（五）公共文化服务差距状况

各地区在公共文化领域取得了一定的进展，满足了一部分社会成员公共
文化产品的需求，但是由于长期投入不足，文化基础设施建设普遍欠账较大，
城乡之间、区域之间情况更是千差万别。以下是横向比较各地区的图书馆服
务情况，见表 3-18。

表 3-18　　　　　　　各地万人拥有图书馆数情况比较　　　　　　单位：个

年份	全国	东部	中部	西部	民族地区	变异系数
2002	0.022	0.024	0.019	0.027	0.033	0.197
2003	0.021	0.024	0.019	0.027	0.033	0.197
2004	0.022	0.023	0.019	0.027	0.032	0.191
2005	0.021	0.024	0.019	0.027	0.032	0.185
2006	0.021	0.024	0.019	0.028	0.032	0.187
2007	0.021	0.024	0.019	0.029	0.034	0.211
2008	0.021	0.028	0.019	0.03	0.035	0.207

年份	全国	东部	中部	西部	民族地区	变异系数
2009	0.021	0.023	0.019	0.027	0.029	0.157
2010	0.021	0.023	0.018	0.026	0.029	0.169
2011	0.021	0.023	0.018	0.027	0.029	0.173
2012	0.021	0.023	0.018	0.027	0.029	0.173
2013	0.021	0.023	0.018	0.027	0.029	0.173
2014	0.021	0.023	0.018	0.028	0.03	0.188
2015	0.021	0.023	0.018	0.028	0.03	0.188
2016	0.021	0.023	0.018	0.028	0.03	0.188
2017	0.021	0.023	0.018	0.028	0.03	0.188
2018	0.022	0.023	0.015	0.01	0.03	0.391

资料来源：根据 2002~2018 年《中国民政统计年鉴》计算。

从图书馆这一文化服务来看，2018 年东部地区万人拥有图书馆数为 0.023 个，中部地区为 0.015 个，西部地区为 0.01 个，民族地区最高为 0.03 个。目前按照人均指标来看，民族地区是全国最高水平。当然，本数据未考虑馆藏图书数量、图书更新率、图书馆的规模等情况。民族地区人口基数较低，造成了该指标的虚高。如果考虑图书馆的现代化建设、自动化建设、以网络为基础的文献信息服务等要素，该指标会下降一定水平。另外，各地万人拥有图书馆数变异系数 2018 年突增到 0.391，比 2015 年增长了 52%，表明万人拥有图书馆数各地区差距又有扩大趋势。

由表 3–19 可以看出，2018 年电视人口覆盖率东部地区最高为 98.61%，中部地区为 97.24%，西部地区为 92.13%，2018 年电视人口覆盖率变异系数为 0.049%，远远超过了以前任何一个年度的水平，表明电视人口覆盖率地区差距已呈扩大趋势，尤其是西部地区落后差距较大，主要原因：一是西部贫困地区文化事业受经济社会发展条件限制明显，一直难以得到很好发展，满足不了基层群众的文化需求；二是少数民族地区文化保护和发展受到限制，影响文化传承。

表 3–19　　　　　　　　各地电视人口覆盖率情况比较　　　　　　　单位:%

年份	东部	中部	西部	民族地区	变异系数
2002	81.51	83.18	71.44		0.066
2003	82.07	83.4	72.61		0.061

续表

年份	东部	中部	西部	民族地区	变异系数
2004	82.35	83.75	75.45	78.23	0.041
2005	84.48	85.6	76.33	78.59	0.048
2006	85.74	86.86	78.51	80.17	0.043
2007	87.01	87.81	80.13	82.16	0.038
2008	88.94	90.19	83.67	86.97	0.028
2009	97	93.3	87.57	89.57	0.039
2010	97.24	93.92	89	88.38	0.04
2011	97.37	94.51	89.72	89.89	0.037
2012	97.58	94.71	90.86	89.92	0.033
2013	97.79	95.03	91.23	89.94	0.033
2014	98.17	95.26	92.38	90.18	0.032
2015	98.33	95.84	92.89	90.5	0.031
2016	98.51	96.16	93.63	90.86	0.03
2017	98.62	96.8	94.06	90.86	0.031
2018	98.61	97.24	87.06	92.13	0.049

资料来源：2002～2018 年《中国统计年鉴》。

三、小结

研究结果表明：（1）我国地区间基本公共服务的供给水平仍不均衡，东部地区整体上比中西部地区享有更多的基本公共服务资源；（2）不同基本公共服务项目区际非均衡程度存在显著的差异，特别是备受社会成员高度关注的公共卫生、社会保障以及基础教育等基本公共服务存在较大的区际差距。

分税分级财政体制框架初步建立，为中国经济高速增长提供了强大的激励和动力。但是，唯 GDP 至上的政府绩效考评机制的负面激励，造成中国 GDP 高度繁荣的背后却是经济社会发展的严重失衡，制约着经济社会协调可持续发展。在政绩最大化目标的激励下，地方政府充分利用可以自主安排财政支出的权利，将更多的资源用于支持经济建设，而政府必保的教育、科技、公共卫生、社会保障等社会发展支出却被长期忽视。这直接导致了公共服务供给总量的严重不足。

四、建议

1. 推进区域间基本公共服务均等化。区域间基本公共服务均等化是为满足不同区域人们生存和发展最基本条件的均等，不会因身份和地区的不同享有不同的待遇。我国区域间基本公共服务均等化的目标首先要强调"底线均等"，即欠发达地区的居民能够享受到最低标准的公共服务。

2. 加大对中西部地区扶持力度。为加快西部地区大开发的进程，国家应继续制定对西部地区倾斜的宏观政策，进一步改进国家的支持方式和支持机制，加大对西部地区的政策、资金、技术和人才等方面的投入力度。

3. 健全区域互动机制，是实现区域协调发展的重要途径。主要是健全合作机制，引导和鼓励各地区开展多种形式的区域经济协作和技术、人才合作，形成以东带西、东中西共同发展的格局。发达地区要采取对口支援、产业转移等方式帮扶欠发达地区。

4. 创新转移支付制度。首先，要完善转移支付制度，尝试多层次多方向的转移支付模式，即横向与纵向相结合的模式。我国各地区之间的差异十分明显，东部与西部的差距巨大，而中央政府的财政能力又很有限，如果只依靠中央政府的支持，实现地区间基本公共服务均等化将会是旷日持久的工程。所以要求东部发达省份抽出一部分财力转移到中西部或东北部不发达的地区，如东部地区与西藏、青海等部分省份的对口援建。建立横向转移支付制度，作为纵向转移支付制度的补充是很有必要的。由于横向援助机制的主要目的是解决基本公共服务均等化中的关键性问题，所以横向转移支付制度是横向援助机制的核心制度，只是现在还没有形成正式的规章制度，但是已具备横向转移支付的先决条件了。所以，我国现阶段应考虑的转移支付模式应该是横向与纵向相结合的模式。

第四章　对口支援的历史进程及利弊分析

第一节　中国特色对口支援的理论基础及现实背景

我国是一个幅员辽阔、自然条件千差万别的多民族大国，有着特有的政治制度，加上团结、友爱、互助的传统民族美德，使得有中国特色的对口支援制度能够顺利推进并在实践中不断发展。

每一制度的产生，都源于其现实需要。我国对口支援行动从一开始就是为了促进区域协调发展、增强民族团结以及快速高效应对公共危机的现实需要而推进的。

一、理论基础

1. 社会主义共同富裕的价值导向。实现共同富裕是社会主义的本质特征，这是对口支援政策的根本价值支撑。对口支援政策始终坚持了实现民族共同富裕、促进地区共同发展的政策导向。社会主义共同富裕的价值导向是对口支援政策最大的精神资源和精神激励。

2. 外溢性内在化的需要。任何经济行为都或多或少产生外部性，一旦这种外溢效应涉及较多的地区，分散协商就因交易成本过大而难以进行或者得不偿失。此时，中央政府以中间人的身份通过对口支援等方式来协调利益行为，可以实现资源有效配置和公平的双重目标。

3. 东西部地区的差异性。我国是一个拥有960多万平方公里国土面积的发展中大国，东部发达地区和西部欠发达地区之间，在资源分布、经济社会发展方面存在着很大的差异和差距。正是这种差异性，成为东西部地区开展对口支援的客观基础。

二、现实背景

1. 两步走战略的认同。在制定国家发展战略的过程中，我国选择了差异化发展战略，即"两步走"，先让沿海和东部富裕起来，然后带动内地和西部走向共同富裕。随着"让一部分人和地区先富起来"第一步目标的基本实现，应该着手解决如何"先富带动后富"第二步战略。对口支援其实就是先富带动后富的一种有益尝试，是我国差异化发展战略的核心内容，得到全国人民的拥护。

2. 中央政府的高度权威。全党服从中央，全国服从中央，这是我国政治制度的优势所在。对口支援本质上是财政利益的无偿让渡，严格执行的背后主要源于中央政府的高度权威。

3. 民族团结共同发展的需要。民族团结和共同繁荣是我国基本的民族政策，但是部分少数民族地区因历史和地域环境的限制尚处落后水平。为了从战略上维护民族团结，促进各民族共同繁荣，进行对口支援是很有必要的。同时，这又能有力抵制和打击分裂势力的渗透，维护祖国统一。

第二节　我国对口支援的风雨历程

对口支援，是在中国特色政治生态环境中萌芽、发展和不断完善的一项具有中国特色的政策模式。该模式在 20 世纪 50 年代开始萌芽，60 年代初正式提出和实施，于 1979 年以国家政策的形式正式确定下来。之后，对口支援在实践中不断发展和广泛应用，几经风雨，在我国经济社会发展过程中的作用越来越重要。

一、大事记

——改革开放前，按照"全国一盘棋"的指导思想，中央政府为解决区域发展和资源分布不平衡问题，对各种资源进行全国性调配。当时，虽没有明确提出对口支援概念，但一些地区间的支援协作和交流已形成了一定规模，如从 20 世纪 50 年代中到 60 年代初，上海对口支援陕西建设。

——1979 年 4 月中央召开全国边防工作会议，将对口支援以国家政策的形式正式确定下来，要求将加强边境地区和少数民族地区的建设，组织内地省市支援边境地区和少数民族地区。

——1984 年 10 月 1 日实施的《中华人民共和国民族区域自治法》第 61 条规定，上级国家机关应当组织和支持经济发达地区与民族自治地方开展经济、技术协作，帮助和促进民族自治地方提高经营管理水平和生产技术水平。

——20 世纪 90 年代初，为解决三峡工程库区移民和再发展问题，国务院《长江三峡工程建设移民条例》中明确提出要加强对口支援库区移民、产业援建等工作。

——2001 年，对口支援政策得到了延续和强化。21 世纪初，国务院出台了一系列推进西部大开发战略的政策，其中包括对口支援、对口帮扶等专门措施。

——2003 年，暴发了全球性的"非典"灾难性疫病危机，我国是重灾区。在此情况下，国务院紧急出台《突发公共卫生事件应急条例》，我国 18 个省份对口援建 18 个重灾区，全国人民众志成城，最终夺取了抗击"非典"疫情的重大胜利。

——2015 年 5 月，汶川地震发生后，国务院迅速颁发《汶川地震灾后恢复重建对口支援方案》，统一部署对口支援任务，创新提出"一省帮一重灾县，举全国之力，加快恢复重建"。明确要求 19 个省份以不低于 1% 的财力对口支援重灾县市 3 年。这是人类历史上最恢宏的灾害救助行动。

——2018 年 11 月，针对甲型 H1N1 流感不断蔓延状况，国务院决定建立甲型 H1N1 流感医疗救治省际对口支援机制，再次战胜了这一世界性的疾病危机。

——2010 年 5 月，中央召开新疆工作会议，这次会议对推进新疆跨越式发展和长治久安作出了战略部署。借鉴汶川地震灾后恢复重建对口援建的经验，进一步动员全国 19 省区连续 10 年对口支援新疆、建设新疆。其运行模式基本参照汶川灾后重建模式。

——2011 年 1 月，中共中央、国务院召开的第五次西藏工作座谈会，要求科学制定和实施对口支援规划，统筹推进经济支援、干部支援、人才支援、教育支援、科技支援、企业支援，落实国务院批准的《"十二五"支持西藏经济社会发展建设项目规划方案》，形成全方位、多层次、宽领域的对口援藏工作格局，推进西藏跨越式发展。

——2013 年 11 月，习近平首次作出了"实事求是、因地制宜、分类指导、精准扶贫"的重要指示。2014 年 1 月，国务院详细规制了精准扶贫工作模式的顶层设计，推动了"精准扶贫"思想落地。2014 年 3 月，习近平参加两会代表团审议时强调，要实施精准扶贫，瞄准扶贫对象，进行重点施策。

——2017 年 11 月，习近平在党的十九大报告中对当前我国社会主要矛盾作出与时俱进的新表述：中国特色社会主义进入新时代，我国社会主要矛盾已经转化为人民日益增长的美好生活需要和不平衡不充分的发展之间的矛盾。正确认识和把握这个新的重大政治论断，对于深刻理解我国发展新的历史方位，贯彻落实以习近平为核心的党中央关于在新的时代条件下建设社会主义现代化强国、实现中华民族伟大复兴中国梦的一系列重大战略部署具有重要意义。

二、历史阶段

根据对口支援重大历史事件的节点，我们将我国对口支援划分为探索阶段（1949～1978 年）、起步阶段（1979～1985 年）、巩固阶段（1986～1998年）、扩大阶段（1999～2015 年）、深化阶段（2016 年至今）五个阶段。

（一）对口支援的探索阶段（1949～1978 年）

这一阶段可追溯到新中国成立初期军队与地方之间、地方与地方之间的支援与帮扶，如 1958 年的支边行动。在此阶段，虽未明确提出"对口支援"的概念，其对口支援行动也不具有明确的"一对一"结对支援的性质。但这些不同形式和内容的支援和帮扶活动一直延续，并在新中国成立初期的经济发展中发挥巨大作用。这为对口支援的正式实施奠定了重要的实践基础和思想准备。

（二）对口支援的起步阶段（1979～1985 年）

1979 年 7 月，中共中央正式提出"组织内地发达省、市实行对口支援边境地区和少数民族地区"这一号召。根据这一精神，各地积极开展对口支援行动。自此，有中国特色的对口支援行动开始在特定的政治框架下渐次展开。

1983 年 1 月，国务院批转了《关于组织发达省、市同少数民族地区对口支援和经济技术协作工作座谈会纪要》。1984 年 3 月，中央召开第二次西藏工作座谈会，确定由北京、天津、上海等 8 省市支援西藏 43 项工程。这是该时期规模最大的对口支援行动，为日后更大规模的援疆、对口扶贫等提供了样板和借鉴。

（三）对口支援的巩固阶段（1986～1998 年）

1986 年 3 月，国务院颁发了《关于进一步推动横向经济联合若干问题的规定》，要求对口支援以区域间横向联合全面开展，以解决改革初期区域经济发展出现的差距。

进入 20 世纪 90 年代以来，对口支援工作被提到了一个新的高度，有中国特色的对口支援方式日益多样化。如技术转让、人才交流、资金和物资支持等方式，都在此期间得到了充分发展。这一历史阶段可圈可点的重大对口支援行动主要有：对口支援"三峡"工程、第三次援藏会议、全国 62 项援藏工程、对口扶贫、1998 特大洪灾救助支援等。

（四）对口支援的扩大阶段（1999～2015 年）

进入 21 世纪后，随着经济社会体制改革进程的加快，有中国特色的对口支援行动进入扩大与延续阶段。这一历史阶段的特点是重大自然灾害和疾病危机频频发生，当然这也推动了我国对口支援的规模和力度日渐扩大。

值得大书特书的是，在 2015 年四川汶川特大地震发生后，中央决定举全国之力加快灾后恢复重建，坚持一方有难、八方支援的方针，按照"一省帮一重灾县"的原则，对口支援地震灾区重建工作。其规模、内容、机制、投入和时间都是举世瞩目的。

（五）对口支援的深化阶段（2016 年至今）

这一阶段的对口支援呈现不断创新、多方位、多角度的特点，而且其正逐步走向制度化和法治化的轨道，成为国家动员体系、财政均衡体系、区域调节机制的重要组成部分。这其中最突出、影响最深远的事件就是"举国援疆"。2010 年，全国对口支援新疆工作会议在北京召开，中央部署，未来 10 年内，我国 19 个省市将对口支援新疆 12 个地（州）市的 82 个县（市）以及新疆生产建设兵团的 12 个师，建立起人才、技术、管理、资金等全方位对口支援新疆的有效机制。至此，我国对口支援历史上支援地域最广、涉及人口最多、资金投入最大、资助领域最全的一次对口支援行动开始。

三、我国对口支援的经典案例

（一）汶川大地震灾后重建①

1. 地震概况。"5·12"汶川特大地震是我国新中国成立以来破坏性最强、波及范围最广、救灾难度最大的一次地震。地震波及四川、甘肃、陕西、重庆、云南等10省（区、市）的417个县（市、区），总面积约50万平方公里。据民政部报告，截至2008年9月18日12时，四川汶川地震已确认69227人遇难，374643人受伤，失踪17923人。据国家汶川地震专家委员会评估，这次地震造成直接经济损失8451亿元。灾后恢复重建任务远远超出灾区政府和群众自身的承受力。

2. 救助方案及成效。为保证抗震救灾和恢复重建、保持灾区经济正常发展，2008年6月11日，国务院办公厅印发了《汶川地震灾后恢复重建对口支援方案》。6月13日，中共中央、国务院召开省区市和中央主要负责人会议。按照"一省帮一重灾县"的原则，建立对口支援机制。之后，全国上下紧急行动起来，开展了人类历史上最为波澜壮阔的对口支援行动。

截至2010年1月31日，累计完成投资6145.75亿元，占调整后规划总投资的65.48%。四川省39个重灾县（市、区）总体经济发展水平已达到或超过灾前水平。四川省270个城乡住房项目全部开工，永久性农房开工148.19万户，完工145.6万户，占恢复重建任务的98%，永久性城镇住房开工25.39万户，占恢复重建任务的76%，累计开工建设学校2998所，完工2372所，累计开工医疗卫生项目1837个，完工1148个。

不可否认，汶川大地震使人民生命财产蒙受巨大损失。原定三年的恢复重建目标任务在两年内基本完成，灾区城乡面貌和基础设施发生翻天覆地变化，人民群众生产生活条件发生巨大改变，创造了人类抗震救灾史上的奇迹。汶川灾后重建支援的胜利体现了社会主义制度的优越性，是"一方有难、八方支援"的中华民族传统美德的完美诠释，是"血浓于水"民族感情的再次验证。

---

① 数据来自民政部网站。

（二）对口援藏

1. 历史和历程。以改革开放为分水岭，可以将对口援藏划分为两个阶段。第一阶段从新中国成立到 1978 年改革开放时期。这一时期援藏主要解决西藏人民基本生活和经济发展的基础性困难，呈现较强的短期化和具体性。第二阶段从改革开放后到现在。以西藏工作座谈会为主线，援藏政策逐步由原来的短暂性和不系统性过渡为长期性、系统性。具体的政策转变可见之于第四次西藏工作座谈会。

2001 年 6 月 25～27 日，中共中央、国务院在北京召开了第四次西藏工作座谈会。会议高度总结第三次西藏工作座谈会以来的工作成绩和实践经验，研究了 21 世纪初西藏各个领域工作的基本思路和原则，形成了一致的、比较成熟的对口援藏意见和措施。

会议决定，进一步加大对口援藏工作力度。确定国家直接投资的建设项目 117 个，总投资约 312 亿元；对口支援西藏工作在现有的基础上再延续 10 年，将西藏尚未建立对口支援关系的 29 个县全部纳入对口支援范围；2014～2020 年，每年为对口支援地（市）培训 120 名中小学骨干教师、60 名教育行政管理骨干人员。

2. 对口援藏新的战略和机遇。2010 年 1 月，中央第五次西藏工作座谈会召开，党中央、国务院对新时期对口援藏作出了新的战略安排：

一是始终按照全面、协调、可持续发展的要求，着眼于建立健全对口支援长效机制，科学制定和实施对口支援规划，统筹推进经济支援、干部支援、人才支援、教育支援、科技支援、企业支援，抓紧落实国务院批准的《"十二五"支持西藏经济社会发展建设项目规划方案》，形成全方位、多层次、宽领域的对口支援工作格局。

二是始终把保障和改善民生作为对口支援工作的首要任务，坚持以人为本，把资金和项目进一步向农牧区和农牧民倾斜，改善基层干部群众生产生活条件，扎实推进教育、医疗、就业、社会保障等民生工程建设，使西藏各族群众得到更多实惠。

三是始终坚持国家支持与提高自我发展能力相结合，坚持对口帮扶与互利合作相促进，积极挖掘合作潜力，拓展合作领域，提升合作水平，努力实现互利共赢、共同发展。

四是始终加强对口支援干部工作，促进承担对口援藏任务的有关地区和单位积极选派有培养前途的业务骨干和后备干部在对口支援工作实践中锤炼意志、增长才干、增强本领，使他们为推进西藏实现跨越式发展和长治久安发挥作用、作出贡献。

五是始终注重总结对口支援工作经验，深刻把握对口支援工作规律，不断提高对口支援工作水平，更好发挥对口支援工作对西藏经济社会发展的强大推动作用。

3. 援藏成效①。和平解放以来，在中央政府领导和全国各族人民大力支援下，西藏实现了伟大的历史性跨越，在各方面取得了举世瞩目的伟大成就。

首先，经济发展水平有了飞跃发展。据统计，1994~2010 年，对口援藏省市、中央国家机关及中央企业分 6 批共支援西藏经济社会建设项目 4393 个，总投资 433 亿元。在全国各地支援下，西藏经济实现了历史性跨越。据统计，1959~2010 年，西藏地区生产总值由 1.29 亿元增长到 2010 年的 507.46 亿元，按可比价格计算增长 111.8 倍，年均增长 8.3%。

其次，经济增长自然带来人民生活条件的改善。由于援藏使西藏国民经济得到发展，城乡居民收入得到实质性的提高。1990~2010 年，西藏农村居民人均纯收入便由 649 元增加到了 4138 元，增长了 6.37 倍，保障了西藏广大农牧民生活条件的改善和提高。

事实证明，西藏 60 年的发展进步是与祖国的统一、发展和中央的关心、全国的支援分不开的。没有强有力的对口支援，就没有西藏社会的新生和发展。只有坚持社会主义道路，坚持民族区域自治制度，坚持走有中国特色的对口支援的路子，西藏才有繁荣进步的今天和更加美好的明天。

（三）对口援疆

1. 历史进程。清朝时全国曾"对口支援新疆"。乾隆年间，清朝在新疆常驻的军队约 4.5 万人。清政府规定，新疆地方财政的收支差额问题，一律通过内地兄弟省份的"协饷"来解决。据历史资料记载，清政府每年从内地调拨"协饷"200 万~500 万两白银，以补充军政费用的不足。

新中国成立以来，中央政府一直高度关注新疆的建设和发展，对口支援新疆工作一直有序开展。主要历史大事件有：20 世纪 50 年代，入疆的解放军官兵和群众投入垦荒开发；60 年代，技术工人和知识青年进疆工作；90 年

---

① 数据来源于 1994~2016 年《中国民族统计年鉴》。

代，14 个省份的 2000 多名干部奉命进疆援建。这些对口援疆行动有力推动了新疆经济社会发展和进步。

2. 新的机遇。全国对口支援新疆工作会议 2010 年 3 月 29~30 日在北京召开，这是新疆经济和社会发展新的历史机遇。会议对进一步加强和推进对口支援新疆工作进行动员部署，明确提出进一步加强和推进对口支援新疆工作，是中央新时期新疆工作总体部署的重要组成部分，是贯彻"两个大局"①思想、促进区域协调发展的战略举措。会上提出了跨越式发展和长治久安的两大战略目标。

2010 年 5 月 17~19 日，中央新疆工作座谈会在北京举行。胡锦涛在会上发表重要讲话，强调做好新形势下新疆工作，是提高新疆各族群众生活水平、实现全面建成小康社会目标的必然要求，是加强民族团结、维护祖国统一、确保边疆长治久安的迫切要求。可见对口援疆工作已经上升到了国家战略层面。

3. 对口援疆方案。2010 年全国对口支援新疆工作会议召开以来，中央和国家机关有关部委、各援疆省市和新疆自治区党委、自治区政府及自治区 12 个地（州）市的 82 个县（市）、新疆生产建设兵团的 12 个师与 19 个对口援疆省市积极贯彻中央对口援疆精神，认真落实中央关于建立人才、技术、管理、资金等全方位对口支援新疆机制方案，仅 2011 年就启动援疆试点项目 99 个，投入资金 180 多亿元，解决了一批事关新疆民众切身利益的实际问题。

较之以往的对口援疆行动，新一轮的举国对口援疆行动有如下特点：

第一，新一轮对口援疆，是资金、人才、技术和管理的综合援疆；借鉴两年来汶川地震灾后恢复重建对口援建的经验，进一步动员组织全国力量，支援新疆、发展新疆。此次对口援疆也规定，各地每年援疆金额按照"不低于上午财政收入 1% 的标准"。

第二，调整结对关系。调整了以往的传统对口援疆结对关系，主要考虑了支援方综合实力和受援方实际困难，尽力使双方强度匹配。

第三，明确援建重点。新疆主要困难在南疆的农村和边境地区的县级团场。此次援建重点是支援农村和南疆，而且，最为瞩目的是，明确提出"民

---

① 邓小平在中国改革开放建设的战略思想中一直就有"两个大局"的战略思想：一是沿海地区加快对外开放，较快地先发展起来，内地要顾全这个大局；二是沿海地区发展到一定时期，拿出更多的力量帮助内地发展，沿海地区也要顾全这个大局。

生为本”的援助思路和重心。

4. 效果展望。2011~2015年是全国新一轮对口支援新疆工作的第一个五年计划期，19个援疆省市以改善民生为重点，着力解决群众迫切困难；以干部人才援助为支点，着力增强人才智力支持；以教育扶持为要点，着力提高群众综合素质；以产业发展为亮点，着力增强自我发展能力为目标编制对口援疆发展规划。2011~2015年，19个援疆省市对口援疆项目约3000项，涉及援助资金约1000亿元。其中，民生项目占援助资金总投资的67.44%，干部人才智力项目占援助资金总投资的4.5%，教育项目占援助资金总投资的2.9%，产业项目占援助资金总投资的16.36%，其他项目占援助资金总投资的8.8%。

完全可以期望，新的历史时期对口援疆行动会促进新疆经济快速发展，为实现其长治久安和跨越式发展提供重要的力量源泉。

第三节　我国对口支援的特色、存在的不足及其原因

一、对口支援的特色

1. 援受双方的数量不断增加。1979年对口支援政策正式确立时，援助方为6个省（市），受援方则为9个省（区）；2010年开展的针对新疆的援助省（市）达19个，受援地区也由过去的10个地州、56个县市扩大到12个地（州）市的82个县（市）以及新疆生产建设兵团12个师。

2. 对口支援涉及的领域不断扩展。我国对口支援从初期单纯性的抗灾救援转到经济对口支援，再逐步转向社会民生等多领域的对口支援；从初期关注“物资、设备、材料”等硬件方面，转向更多投资“人才、技术、管理”等软件方面；对口支援已涉及包括工业、农业、科技、文教、卫生、扶贫、劳务等在内的多领域。

3. 对口支援的经常性。从新中国成立到现在，我国的对口支援行动渐趋成熟，规模不断扩大、内容日渐丰富、战略功能渐趋成熟。从目前趋势看，对口支援将长期存在，其原因主要在于我国区域经济社会发展差距的长期性。

4. 支援方式的灵活性与多样性。对口支援政策经过多年的发展和完善，具

体的支援方式具有多样和灵活的特点。从支援主体的数量对比来看，有一帮一的，也有多帮一的。从双方的行政层级来看，有同级支援的，也有跨级支援的。从支援的内容上分，有专项的对口支援，如专就教育方面的对口支援，也有综合性的支援等。

二、对口支援存在的不足及其原因

（一）对口支援存在的不足

尽管我们强调对口支援机制体现了我国社会主义国家能够集中力量办大事的优势，但从机制本身及其实践来看，其缺陷仍是十分明显的。

1. 进出机制没有标准化的门槛。到目前为止，我国尚未制定专门的对口支援条例或者规章制度，对口支援带有临时性和应急性的特点。什么情况下应当实施对口支援？如何选择对口支援方案的支援方？是中央单方决定，还是地方政府主动请缨？或者说是应当商定还是应当法定？但是作为一个要想长期化、规范化的制度而言，应当确定一个可普遍适用的原则和标准。

2. 实施机制过于依赖中央的权威。因为对口支援机制从来就没有成为法律意义上的制度，多年来对口支援主要依赖中央政府的权威来贯彻落实，相关的法律责任也是缺失的。作为给地方政府的政治任务，各地政府在实施过程中的主动性和积极性难以有法律保证。

3. 缺乏科学有效的评估机制。现行的对口支援政策监督的广度和深度还不够，监督的内容还不完整，缺乏绩效监督的内容，进而导致援助资金使用效率不高，对援助项目的后期跟踪管理力度不够等问题。

4. 对口支援政策工具过于简单化。就促进区域协调的政策工具而言，我们尚缺乏欧盟那样的结构基金、聚合基金、团结基金等设计精细的政策工具，有的只是一些扶贫资金、支农资金和西部开发转移资金等。援建中的支援方大都倾向于看得见、摸得着、好统计的物质援建方式，而且由于政策工具之间的配合不够，即便在受援地区投入了大量资金，但效果却并不十分理想。

5. 资金监管不到位。我国对口支援尚没有上升到法律层面，只是中央政府主导的政治任务，缺乏法律制度层面的监督管理。因此，可能会存在以"长官意志""领导拍板""政绩工程""形象工程"等脱离受援地区实际需要的大量盲目重复建设，也可能存在资金被挪用、贪污等恶行，导致政府公信力的丧失。

6. 援建引发新的不平衡。部分资金实力雄厚的支援省市存在着要面子的现象，希望建设更多的"亮点"工程，这样会导致受援地区出现新的"贫富不均"，相当于把东部地区的差距又克隆到了援建地区。

（二）对口支援存在不足的原因

1. 法治化规范的缺失。对口支援是一项长期而艰巨的任务，需要一个相对稳定、权威和连续的法律环境。目前我国的对口支援缺乏法律制度保障，实施过程中也存在随意性和不确定性。例如，汶川地震后，国务院及时下发了《汶川地震灾后恢复重建对口支援方案》，就对口支援的原则、支援方和受援方的结对关系、支援的内容和援助额度都有明确的规定。但该方案毕竟不是法律，这种临时发布的方案还存在诸多的不足。无论如何，地方政府间横向对口支援制度的建立迫切需要一套规范化的法律制度做保障。

2. 信息不对称引发的利益博弈。我国地方政府在调整地方和中央的利益关系上扮演双重角色。一方面作为中央政府在地方的一级政权组织，要代表中央政府的利益；另一方面作为地方社会、经济和文化各领域的管理者，又要代表地方的利益。伴随地方自主权和财权增长，地方利益不断膨胀，产生了地方局部利益和中央整体利益的博弈现象。在对口支援过程中，同级地方政府往往利用信息不对称作为博弈前提，极可能使得辖区利益最大化。支援方尽可能逃避支援义务，受援地尽可能想赢得更大规模的支持和援助。于是"装穷"就是双方共同的选择。

3. 观念错位引发的误区。对口支援，只能是以"支援"为主，双方必须都在一定"度"的范围行事。目前存在一些不正常的现象，比如，受援地区固守"受援"的想法，态度较为消极、被动，在"感恩"的同时，形成了一定的"依赖性"思维；与此同时，支援地在付出的同时形成了"优越感"，使得其对援助资金的使用效率关注较少，存在"我的钱我做主"的英雄主义。这也是为什么对口支援只能是短期性应急行为，无法形成地方政府间长效合作机制的思想根源。

4. 缺乏必要的补偿机制和激励机制。正是由于东西部地区间的差异，国家决定实施对口支援，也就意味着从一开始，东西部地区的起点就是不同的。这就需要制定科学合理的补偿机制和激励机制。前者是适当通过产业合作实现利益共享，后者主要是通过自己考核体系激励对口支援的正外部效应行为。

第四节　我国对口支援改革方向

一、改革方向的理论分析

1. 要正确认识政府和市场在对口支援中的作用。对口支援是一个系统工程，需要充分发挥政府、市场和社会各自的优势和长处。做好对口支援工作，既离不开政府的支持、规划和引导，同时也离不开市场在资源配置中的基础性地位。

2. 对口支援政策工具要实现从单一化向精细化的转变。对口支援政策的有效实施，需要有设计精细的一整套政策工具作为保障框架和支撑体系，而简单化的政策工具难以有效解决受援地多样化诉求。必须构建多元化的政策工具体系，使对口支援政策工具从简单化走向精细化。例如，对边疆地区的对口支援以公共服务和生态环境补偿为重点，对灾害地区的对口支援要把保障和改善民生放在优先地位，对重大工程地区的对口支援要将做好移民的安置和生活放在首位。

3. 坚持中央统一领导、地方分级负责的管理体制。实践证明，实行中央统一领导、地方分级负责的管理体制更能有效应对突发事件，保障人民生命财产安全和维护社会安全稳定。例如，汶川灾后重建的神速与美国奥尔良飓风灾害救助的低效形成鲜明的对比。这是中国的特色，更是中国的优势。

4、坚持从政治任务到法律义务的转变。中央政府基于政治动员、按照行政调控方式部署对口支援，实质上是中央政府在非常态下给地方政府的政治任务。支援省市凭着政治忠诚以及对灾区人民的同胞感情执行这样的政治任务。动员式的支援不利于在不同时期各种支援项目的开展，也不利于支援过程中规范化操作，没有制度化的激励保障，要长久地激发地方政府的积极性就很困难。

二、改革方向的现实路径

1. 将对口支援上升到法律层面。首先要解决的是地方政府的支援义务问题。支援方地方政府基于什么样的法律义务去支援受援地，到目前为止还没有明确的法律解释，应该尽快将对口支援在法律中加以规定，使得我国对口支援行为有法可依，以便对双方的责任义务进行规范。

2. 建立健全对口支援绩效考核制度和激励机制。目前，关于对口支援的考核制度和激励机制还不完善，有的支援方存在消极现象，有的受援地存在强烈的依赖心理。因此，宜尽快建立健全对口支援绩效考核制度，在不影响支援地积极性的前提下，提高受援地自立发展能力。

3. 实现由救济性援助向全面发展性援助转型。社会的发展也要求对口支援与时俱进地改革。对口支援应从温饱和基本生活援助转移到全面发展型援助，即从输血型向造血型过渡，逐步减少受援方对援建方的依赖。

4. 改造为横向财政转移支付机制。本书认为，我国虽然没有正式的横向财政转移支付制度，但中央政府一直以来都鼓励省级政府间的互助，东部发达省份长期以来承担对西部省份的对口支援和帮扶活动，形成了事实上的、具有中国特色的横向财政转移支付。有必要在对口援建的基础上，建立正式、规范的地区间尤其是省际横向财政转移支付制度，通过横向财力均衡机制，实现基本公共服务均等化。

第五章　从对口支援到横向财政转移支付：现实与可能性分析

基于财政公平和公共服务均等化的考虑，有必要建立横向财政转移支付制度，通过富裕地区和贫困地区财政资金的转移，来弥补贫困地区的基本财政能力缺口，以期实现政府间财政能力的横向均衡，这是现代法治社会稳定健康发展的必要条件。

第一节　理论基础

一、公平正义理论

公平正义一直是人类追求理想社会的一个永恒不变主题，自古至今是政治、经济和社会领域中最为重要的价值取向。古今中外一些思想家在对未来理想社会的向往和架构中，一直秉承着对社会公平正义的向往与执着，而且往往将其作为衡量个人行为和社会制度好坏的重要标准。早在2000多年以前，我国的大思想家孔子就提出"不患贫而患不均，不患寡而患不安"，这其中就蕴含着公平正义的思想。在西方公平正义理论同样源远流长。在古希腊时期，以柏拉图、苏格拉底和亚里士多德为代表的思想家就对正义问题进行了研究和探讨。近代以来，以卢梭、洛克、休谟、康德为代表的思想家进一步发展了正义理论，为现代正义理论的发展奠定了基石。步入20世纪，罗尔斯、阿马蒂亚·森、诺齐克、大卫·米勒等学者也都对正义理论作出了重要的研究。

（一）公平正义理论的思想内涵

1971年哈佛大学哲学系教授约翰·罗尔斯出版了其代表作《正义论》一

书。罗尔斯详尽地阐释了自己对公平和正义的观点，并提出了两个正义原则：第一正义原则，即自由平等原则。所谓的自由平等原则是指，每个人都平等地享有一系列广泛的基本权利与自由，包括选举权与被选举权、言论自由、结社自由、思想自由、拥有财产的自由、不受非法任意拘捕和搜查的自由等。第二正义原则，即机会平等和差异原则。该原则指的是使社会和经济不平等则应满足两个条件：在机会平等的条件下，所有人平等地享受所有地位和职务；在不平等条件下必须对社会中最弱势的人最为有利。

在罗尔斯基于公平的正义理论中，贯穿着自由、平等和幸福之间统筹协调原则，第一正义原则要优先于第二正义原则，在第二正义原则中机会均等原则又优先于差异原则。社会公正的功能性结构由分配的结果公正、起点公正和过程公正三个要素构成。

（二）公平正义理论与基本公共服务均等化

罗尔斯所提出的社会正义观点覆盖了社会中的所有基本价值，如自由和机会、收入和财富，以及自尊的基础等，这不仅体现了他的平等主义倾向，而且也向社会展示了理想公平正义的理念，从伦理学的基础上为基本公共服务均等化提供了价值判断的标准。从公平正义的视角看，基本公共服务均等化作为公共政策的基本内容，要在制度设计和安排上遵循正义理念和原则，树立基本公共服务优先的目标，不断加强基本公共服务的供给，努力消除社会不均等的现状，以实现社会主义的公平正义。根据现代的公平正义理论，可以得出以下几方面结论：

1. 权利公平是公平正义的第一个方面，也是实现社会公平正义的前提和基础。根据罗尔斯关于公平的第一原则即每个社会成员都应当拥有平等的权利。因此，社会成员享受基本公共服务应该是均等化的，而不论其所处的不同区域、不同社会阶层和所体现的不同经济成分，公共服务均等化是每一个社会成员的基本权利。因此，政府在提供均等化基本公共服务时要处理好三点：首先，政府要尊重和保护不同公民的合法权利，不因所在区域、城乡身份、不同群体而有所区别。其次，政府必须制定相应的法律、法规、政策，应当使每个公民享有同等的权利和义务，遵循同样的规则，平等地展开竞争。最后，应逐步取消一些限制公民平等权利的法律法规，如城乡、区域之间迁移的户籍限制等，为每一社会成员创造一个公平的环境。

2. 机会公平是公平正义的第二个方面，它意味着公民起点的平等，机会平等也是社会公平最重要的组成部分。按照机会平等的正义观的观点，个体的成功与失败只会决定于自己可控的因素，而不应该受其他不可控因素的影响。联合国开发计划署提出了"能力贫困"指标，强调贫困不再仅仅是收入水平偏低，而更重要的是社会成员的基本生存与发展能力的匮乏与不足。为了保障机会平等，政府应该向每个社会成员提供均等的生存和发展机会，使每个社会成员都能普遍地获得社会发展带来的利益，保证起点的公平。在现阶段，公民的基本权利体现在公共服务上应该是基础教育、公共卫生和社会保障等，这些方面政府应当向人民提供均等化的基本公共服务。在必要的情况下，还应当给那些特殊人群以某种补偿，对弱势群体给予更多的照顾，逐步缩小每个社会成员之间的差距，否则因贫富、社会地位的差异等原因会使某些公民丧失享受基本公共服务的机会。

3. 分配公平是公平正义的第三个方面，分配公平是社会公平的最终目标和评价标准。罗尔斯关于公平的第二原则是应这样安排社会和经济的不平等，使它们在与正义的储存原则一致的情况下，适合于最少受惠者的最大利益，在机会公平的条件下社会所提供的职务和地位向所有人开放。他认为，所有基本的社会物品——自由和机会、收入和财富及自尊的基础——都应被平等地分配，而政府在这个过程中应该提供这样的环境并维持它的稳定性。

二、福利经济理论

福利经济学萌芽于18世纪末帕累托提出的最优标准，在马歇尔等经济学家的著作中亦有反映。1920年，英国经济学家庇古出版了《福利经济学》，构建了较为完整的理论体系，标志着旧福利经济学的形成。20世纪三四十年代，卡尔多、希克斯、伯格森等经济学家对庇古的福利经济理论进行了重要的补充和修改，形成了新福利经济学。第二次世界大战以后，阿罗、李特尔、阿马蒂亚·森、黄有光等福利经济学家进一步发展了新福利经济学，开创了后福利经济学时代。福利经济学主要研究的问题有：如何进行资源配置以提高效率，如何进行收入分配以实现公平，如何进行集体选择以增进社会福利等。福利经济学的研究，为基本公共服务均等化奠定了经济学基础。

（一）庇古的福利经济学与公共服务均等化

对公共服务均等化的研究起源于20世纪20年代英国福利经济学创始人

庇古，他认为，福利由不同的效用构成，效用就是人们的满足，人性的本质就是追求最大的满足度，也就是追求最大的福利。为实现福利最大化的目标，庇古考虑到两个问题：一是个人实际收入水平的增加会使其满足程度增大；二是转移富人的一部分货币收入给穷人，最终会提高社会总体满足度。据此，他提出了两个基本命题：第一，国民收入总量越大，社会经济福利就越大，"政府活动必须尽可能最大限度地贯彻提高国民经济福利的原则，这既是政府制度运行的目标，也是政府活动的界限"。第二，国民收入分配越是均等化，社会经济福利也就越大。庇古明确提出了"政府应对收入分配进行再调节以提高一个国家的总体福利水平，其手段可以是抚恤金、养老金、补助金等"。这两个命题首次将社会福利问题与国民干预收入问题结合起来加以研究，从而对基本公共服务均等化起到了基础性的影响，由于公共服务也是由国民收入形成，对公共服务的分配能对国民收入的分配起到重要作用，能够增进社会福利，促进社会福利最大化，特别是政府财政收入占 GDP 比例较高的时候。公共服务资源一般由政府掌握，主要由政府通过财政支出等手段予以配置，如果出现配置失当的情况仍然要由政府自身来纠正。庇古的国民收入均等化思想对公共服务均等化具有启示性意义，政府应当通过公共服务均等化来实现全社会福利最大化。

（二）帕累托最优定理与公共服务均等化

帕累托最优是新福利经济学的核心命题，旧福利经济学建立在基数效用论的基础上，假设人与人之间的效用可以比较，新福利经济学则以序数效用论为基础，假设人际之间的效用不可以直接比较，福利经济学以帕累托标准代替了总和效用最大化标准。帕累托最优是指不可能不使任何人的处境变坏的情况下使其他人的情况变得更好，即此时进行任何改变都会带来社会福利的损失。帕累托最优状态是资源配置的理想状态，即在损害其他人福利的基础上，至少一个人的福利有所增加。

帕累托最优定理的本质是将优化资源配置作为增进社会福利的措施，这对实行公共服务均等化有较强的借鉴意义。

首先，从帕累托最优的效率角度出发，对于公共服务资源的配置来说，如果不存在其他可行的配置，使得所有享受公共服务的个人至少同他们在初始时的情况一样好，而且至少有一个人的情况比初始时更好，这种公共服务资源配置就是最优的和有效率的分配。只有实现公共服务资源的最优配置，才能保障经济健康、快速发展，为公共服务总量增加、社会福利最大化奠定基础。

其次，从帕累托最优的公平角度分析，公共服务具有非排他性和非竞争性，非排他性是指无法排除他人享受同项公共服务，具有"共同消费"特征；非竞争性是指公共服务对象的增加不会引起服务成本的增加。因此，当均等化的公共服务实施达到一定数量后，扩大公共服务对象的范围，不会有人因此受到损失，但会有人增加福利，这符合帕累托改进原则，且享受公共服务的成员越多，公共服务均等化的程度就越高，整体社会福利越大。

（三）补偿原则的基本思想与公共服务均等化

补偿原则的基本思想是，国家的任何政策变动都将会导致市场价格变动，会使有人受益、有人受损，如果一些社会成员状况的改善补偿了其他社会成员状况的恶化，且补偿后还有剩余，就说明社会福利增加了。补偿原则关注的是"整个社会的福利"或"福利综合指标"，兼顾了效率与公平，为公共服务均等化提供了理论基础。

首先，随着经济的发展，应该提高财政支出用于公共服务的比例。提供公共服务是政府的一项基本义务，随着经济的进一步发展，政府有能力将更多的财政支出用于公共服务，补偿原则的基本思想为这一结构调整提供了理论依据。当提高用于公共服务的财政支出比例时，原来的利益结构就会有所改变：一部分既得利益减少，同时，全体社会成员享受的公共服务总量增加。一般来说，在经济发展水平较低的阶段公共服务是供不应求的，提高公共服务支出比例所增加的社会效用足以补偿被减少的效用，社会福利最终将得以增进。

其次，补偿原则的基本思想为公共服务的合理分配提供了理论依据。因地区经济发展差距引起的公共服务差距需要公共财政通过转移支付来均衡，以消除其不利影响。加大转移支付力度使得公共服务均等化程度增加，可以更大程度上满足各地居民在公共服务方面的公共需要，提高财政转移支付资金的效率并增进社会福利。但因财政资源有限，这样做会改变原来的利益结构，造成部分社会成员效用损失，但与增加的社会福利相比，损失较小。同时，政府可以制定实施相应政策，支持地区经济发展，提高居民收入水平，进一步补偿因公共服务均等化带来的损失。由此，未满足的公共服务需求得到满足，损失的效用得到补偿，整体社会福利得到提高。

以民族地区与东部地区间的公共服务提供为例，如果因为实行基本公共服务均等化改革可以确实满足民族地区人口对公共服务需求，并能使其福利状况得到改善，即使因此减少了东部发达居民所能获得的公共服务或公共产品，但只要民族地区人口所得到的公共利益大于东部地区居民的福利损失，那么，这种决策也是可取的。

（四）社会福利函数理论的基本思想与公共服务均等化

社会福利函数的提出和倡导者是伯格森、萨缪尔森、阿罗等人。社会福利函数理论既不像庇古所主张的收入均等分配或者李特尔所主张的把"较好的再分配"作为福利标准，也不像补偿原则论那样企图回避收入分配问题，而是强调收入分配问题和其他问题一样，要由一定的道德标准去决定。社会福利函数研究个人福利对社会福利的影响，个人的自由选择是决定个人福利最大化的重要条件。社会福利函数理论也是公共服务均等化的重要理论基础。

首先，社会福利函数强调收入分配的合理化而非收入分配均等化。对于不同偏好选择的个人来说，平均分配的公共服务并不一定能保证他们的福利都能增进，应提倡充分考虑个人需求的公共服务"相对均等化"，这种观点更接近收入分配的现代观点。

其次，通过对社会福利函数的研究，有利于政府在若干个可选政策中选择出一个相对较好的政策来提高整体的社会福利。任何一项政策都会提高一部分人的福利而影响另一部分人的福利，政府应该选择对全体公民福利提高得最多的政策。

（五）阿马蒂亚·森的贡献与公共服务均等化

超福利主义认为，评价社会制度安排时除了福利以外还有其他的"附注信息"，阿马蒂亚·森认为这种"附注信息"的一个重要方面就是基本能力，他试图用能替代效用作为决定制度安排的决定因素。他对"福利"的理解是：创造福利的并不是商品本身而是商品带来的那些机会，这些机会建立在个人能力的基础上。他认为社会福利水平的提高来自个人能力的提高，个人的幸福是他所能做的各种事情函数。阿马蒂亚·森的观点是公共服务均等化的又一重要思想基础。首先，阿马蒂亚·森的理论更加强调个人能力的提高。要培养和提高个人的能力，必须关注个人的生存和发展环境，而生存和发展环境的改善又与公共服务的提供直接相关。只有城乡居民享有大致均等的公共服务时，才能提高个人能力，才能实现社会福利的最大化。其次，阿马蒂亚·森把提高社会福利水平看作是主要职责，认为关注人的权利的实现和能力的培养是政府义不容辞的责任。为此，要实现基本公共服务均等化，一方面公共服务的主要内容应该包括能够提高居民社会生活能力基础教育和医疗保健等基本公共服务；另一方面公共服务的均等化要考虑到个体差别，考虑到每个人对公共服务需求的不同，只有公共服务相对的均等化才是有效的公共服务配置。

三、公共财政理论

公共财政理论源于西方，它是以市场经济为前提，以"公共品"理论为依据，弥补"市场缺陷"和实现政府职能为目的的财政理论。其理论与实践经历自由放任—全面干预—福利财政的发展过程。在公共财政理论的发展中，始终围绕着政府与市场的关系这一主线，在认识的进化中不断明晰政府的合理定位进而界定财政的职责功能范围，推动着各国财政制度的变迁与完善。

（一）政府职能的定位

政府职能的合理定位直接取决于不同社会经济发展阶段政府与市场的相互关系以及人们对政府与市场关系的认识与判断。

在资本主义自由上升时期，"自由竞争"和"自由放任"成为社会经济发展的主旋律，市场机制被普遍认为可以自发地操纵和调节社会的运行，从而实现资源配置帕累托最优的社会结果。因此反对国家干预、实现"廉价政府"成为经济自由主义的重要主张，由此政府的职能也被确定为像"守夜人"那样防止外来侵略和维护公共治安上。然而，1929～1933年资本主义经济危机的爆发颠覆了市场机制自发调节的神话，经济自由主义的主张逐步被凯恩斯宏观调控理论所取代，资本主义社会进入国家全面干预的新时期。在这一时期，政府职能日益扩大，开始参与市场活动，直接发挥引领社会投资、调节消费倾向的重要作用。

直到20世纪70年代经济"滞胀"出现并席卷西方世界，福利国家面临危机，凯恩斯干预理论遭遇挑战。以詹姆斯·麦吉尔·布坎南和戈登·图洛克为代表的一批经济学家创立了公共选择理论，并在公共财政领域取得重大突破。他们重新审视政府与市场的关系，反思国家干预的路径和成效，不仅提出了"政府失灵"的思考，而且将财政作为公共部门经济，从市场失灵理论角度，集中研究社会公共需要及满足这一需要的公共产品的问题。在这一过程中，政府的职责得到更加清晰的界定，主要在于弥补市场失灵、提供公共产品。政府宏观经济调控手段的日益成熟，市场经济国家的宏观经济管理逐步由直接投资管理转向以税率、利率、汇率、产业政策为主要形式的间接管理。新公共管理运动所倡导的"重塑政府"的概念被广泛认同，发展政府与民间合作伙伴关系，逐步实现政府、社会、公民的共同治理，已成为各国政府治理的发展潮流。

在现代经济条件下，政府作用发生了深刻的变化，正如世界银行的专题报告所指出：有五项基础性服务处于每个政府使命的核心地位，如果这五项任务完不成，就不可能取得可持续的发展。一是建立法律基础；二是保持非扭曲性的政策环境，包括宏观经济的稳定；三是投资于基本的社会服务与基础设施；四是保护承受力差的阶层；五是保护环境。

（二）公共财政定位及职能

当代西方公共财政理论认为，公共财政是为弥补市场失效，提供公共产品的政府分配行为，是满足社会公共需要的政府收支或财政运行机制模式，它是与市场经济相适应的一种财政类型，是市场经济国家通行的财政体系及制度安排。

公共财政的基本特征表现在四个方面：一是公共性，即公共财政着眼于满足社会公共需要。公共性是公共财政的本质特征，表明公共财政的职能范围必须以满足社会公共需要为口径加以界定。二是公平性，要求政府必须对所有经济主体和社会成员提供"一视同仁"的均等化公共服务。三是非营利性，即政府作为社会管理者只能以追求公共利益为己任，不仅表明与市场其他经济主体性质的不同，也能以此为标准决定政府参与社会经济活动的广度与深度。四是法治性，即公共财政作为政府直接进行的活动，必须受到法律的约束和规范。这其中包括政府一切活动安排都应纳入国家预算的统筹安排，而社会成员对于公共需要有表达诉求、对财政运行的全过程都拥有监督的权利和义务。

公共财政作为调整财政关系和实现财政运行的机制模式与制度安排，在经济和社会生活中具有一定的职责与功能，体现出政府活动对经济社会各方面产生的影响与变化。马斯格雷夫将当代公共财政的职能概括为：资源配置、收入分配和经济稳定。其中，资源配置是财政筹集运用政府掌握的社会资源，生产提供公共产品、满足公共需要，实现资源优化配置的功能。它体现了在发挥市场机制基础作用的前提下，通过政府和公共财政的介入，确保社会资源配置效率性实现的途径。收入分配则是财政通过建立不同于市场的合理分配模式，运用各种收支政策和手段参与国民收入和社会财富的分配和调节，以期达到收入分配的经济公平和社会公平的功能。而公共财政的经济稳定职能，指的是财政在市场经济条件下承担的实施国民经济宏观调控、实现国家宏观经济政策目标的职责。政府通过对财政政策的制定、实施和调整，影响社会生产、消费、储蓄和投资，缓解市场机制自发作用下的经济波动，实现充分就业、物价稳定和国际收支平衡，促进经济适度增长。

现实中，公共收入制度、公共支出制度、政府预算管理制度、财政管理体制和财政调控制度等共同构成了公共财政制度的体系与框架，保障着公共财政各项职能的实现。

（三）公共财政理论与基本公共服务均等化

亚当·斯密于1776年发表了他的伟大著作《国富论》，将政府财政的管理范围和职能限在公共安全、公共收入、公共服务、公共工程、公共机构、公债等范围，基本搭建了公共财政理论的框架。20世纪80年代以来，西方财政学家十分关注如何实现政府资源配置功能，把研究焦点放在提供政府资源配置效率的分析上。在评价财政支出规模时，把效率与公平结合起来，试图寻找两者的最佳配合点。公共财政理论不仅从财政的角度研究了政府提供公共服务的合理性和必要性，也为政府构建基本公共服务均等化的实现机制提供了理论支撑和实践依据。

首先，为社会公民提供最基本公共服务是每个政府的最终职责，该职责的实现范围也就决定了基本公共服务的具体内容。满足社会成员的公共需求，为每个社会成员提供基本的、必要的公共服务保障，是任何一个政府义不容辞的责任，这既是公共服务的属性所决定的，也是政府与市场不断博弈的结果。在市场经济不断深化的过程中，我国政府的职能正在慢慢转变，能否向社会公众提供高效优质的公共服务已成为考量政府是否称职的一个重要的指标。政府毫无疑问是提供基本公共服务的主体，但不是唯一，在此过程中，可以适当引入市场、公众和社会组织，这些力量效率较高，能够更加灵活地适应数量庞大和多样化的公共服务需求。但其中，政府居主导地位，因为其代表着国家意志的公共性和其机制运行中所拥有的公共权力，在"市场失灵"或者"第三方/志愿者失灵"的情况下担负起供给公共服务的最终责任。并根据公共服务供给的具体经济社会环境，形成公共服务供给过程中政府、市场、公众和社会组织之间的合理关系。

其次，公共财政能够为基本公共服务提供公共资金和公共资源。提供基本公共服务是对人员、资源、资金的配置、组织、协调的生产过程或运作过程，它必然需要得到资金的保障和成本补偿。由于基本公共服务满足的是社会的公共需要，而公共财政所进行的资源配置活动也是出于同一目标，这就客观上将公共财政与保障基本公共服务的提供联系起来了。政府是整个社会的利益代表，财政收入来自全体社会成员，而公共财政支出同样用于全体社会成员，并为所有经济主体和社会成员提供"一视同仁"的服务。在"一视同仁"的政策下，政府及其公共财政在为社会提供服务的过程中，对所有的社会成员应该是公平对待的，而这是具体通过公共收入、公共支出和转移支付制度来实现的。

最后，公共财政的法治性与公共选择理论为政府基本公共服务供给机制的建立与完善提供了理论支撑。怎样提供基本公共服务？这需要有一整套有序、科学、民主的机制。而公共财政的法治性与公共选择理论为这样的机制建立提供了依据。公共选择是在一定的政治决策程序下将社会成员个人偏好转化为社会公共偏好的过程，公共选择机制本质上是一个把个人偏好转化为社会公共决策依据的机制，它是一个由各相关要素组成的系统集成。而公共服务作为公共选择的重要内容，也应以公共选择理论为依据，相应建立起一个包括科学决策、合理分工、严格管理、高效运行、追踪问效的完整流程在内的公共服务供给机制。此机制由公共决策机制、财政保障机制、成本分担机制、激励约束机制与协调机制、管理监督机制和绩效评价机制等内容共同构成。按照公共财政理论，为保障基本公共服务供给的高效和优质以及提供机制的科学有效性，该机制的改革与完善方向应该是：促进财政的民主与法治进程，保障基本公共服务决策程序的民主、公开、透明和公正；应能保持税收中性，并提高支出效益；应能保证公共服务成本分担的持续优化；应能对信息的披露形成正向激励；应能有助于私人与公共部门在提供公共产服务中的良好协调与可持续互动。

第二节　实施横向财政转移支付的经验借鉴和现实需要

一、经验借鉴：德国经验

1990 年 10 月 3 日德国统一后，德国向东部地区提供的天文数字般的转移支付被视为人类历史上以金钱实现政治目的的经典范例。

（一）政府间纵向财政平衡

1. 设立"德国统一基金"。按照统一，原东德（德意志民主共和国）的预算赤字将由东德、西德（联邦德国）联邦政府及西部老州三方均摊，为了保证统一后的稳定，联邦及西部各州政府创设"德国统一基金"，联邦和西部各州每年估计贡献 1150 亿左右马克为东部地区补偿财政收入，偿还支出欠账。

2. 修改原有返还性转移支付适用范围。1995 年新《财政平衡法》将其适用范围延伸到东部地区梅克伦堡——前波莫瑞州的罗斯托克港，对 4 州 5 港的返还性转移支付总额达 3 亿马克。这样能保证东部各州之间财政均等，消弭了东部各州间的财政纠纷。

3. 调整联邦对州委任事项和共同任务的资助力度。1992 年联邦向东部几个比较落后的州共拨款 11 亿多马克，以改善地区结构；1993～1996 年，联邦计划每年向州政府支付 16 亿马克，用于扩建和新建高等学校；1991～2000 年，联邦需向州政府资助 24 亿马克来促进科研计划。

4. 分阶段实施《团结公约》。该公约的实施是为了让原东西德人民在统一行动中团结一致，尤其是东德地区人们感受到团结的温暖。1991～1994 年，联邦政府分别为东部地区无偿拨付资金 1429 亿马克、1726 亿马克、1920 亿马克、1940 亿马克，其中至少一半资金用于消费而非经济性投资领域。截至《团结公约》第一期终止，联邦政府已输送资金达 1.5 万亿马克。随后《团结公约》第二期生效并延伸至 2019 年。

（二）政府间横向财政平衡

横向财政转移支付制度是德国的创举。其主要是通过"富裕州"向"贫困州"的同级财政资金转让，来缩小德国地区发展不同所致的地区差距。从政府运行层级看，它是一种水平的平行线架构。

德国联邦宪法确立了社会福利国家的基本原则，保证每个公民的基本权利和人权，强调"公民生存条件的一致性"。德国联邦政府从"紧急救援计划"，到《团结公约》一期，再到《团结公约》二期，分阶段制定并实施了促进区域均衡发展的投资和发展计划。该计划涵盖基础设施、科研、文化、教育、环保等15个领域，包括以下三道"防线"：

1. 第一道防线——增值税预先平衡。这是经联邦宪法法院裁定以增值税预先平衡作为实施横向转移的第一步。其做法为：（1）将州应得增值税的75%按人口分摊；（2）将剩余25%的增值税资助财力匮乏的各州，目标值是其税收能力指数达到全国平均数的92%。

2. 第二道防线——州际财政平衡。增值税预先平衡使各州人均财力达到全国均值的92%，第二道防线的任务确保将联邦州的财力至少达到全德财政能力的95%。在计算过程中考虑了如下事实：人口密度、城市化水平、地理条件、公共服务的成本差异。

3. 第三道防线——联邦补充拨款。该项目其实是对增值税共享和州际间横向平衡的补充，主要用于补贴财力贫乏州政府，以避免特殊情况导致的财力需求和其他特殊困难。主要包括：为平衡州际间财力而给予贫困州补助的拨款、德国联邦宪法所规定的联邦政府特别补助。

（三）对我国横向财政转移支付制度改革的启示

1. 横向财政转移支付必须具有明确的政策目标。比如德国联邦宪法要求，各个州都应为公民提供水平基本相同的公共服务。横向财政转移支付就是为实现这一要求，通过多道防线保证每个州用于提供公共服务的基本均等化。

2. 实施横向财政转移支付制度必须对应着健全的财政体制。德国联邦政府用法律的形式加以明确各级政府财权和事权，这使得政府间横向转移支付制度更加公平、规范。从我国实际出发，应该进一步明确中央和地方各级政府的事权关系，进而明晰财权关系，使得横向财政转移支付制度在规范化的背景下运行。

3. 横向财政转移支付的资金分配方式应科学化和精细化。从上文可以看出，德国的横向财政平衡计算过程极为复杂，考虑的变量很多，使得计算结果为多方认可和接受，避免了苦乐不均等问题。对我国而言必须彻底摒弃"基数法"，实行"因素法"。

二、现实需要：基于国家财政均衡体系的思考

对口支援改革方向的分析应该跳出对口支援的历史功绩，立足未来，根据国家政治经济形势，对其进行顶层设计，使其日益规范化、法制化。本书认为，应该基于国家财政均衡体系建设的需要，对其进行归并、划转、重塑等，即：一是部分归并到横向财政转移支付归属于国家财政均衡体系；二是部分划转到市场体系；三是部分重新进行功能再造归属于国家动员体系。

（一）国家财政均衡体系的内涵与功能

1. 国家财政均衡体系的内涵。成熟的国家均衡体系起码包括经济均衡体系、政治均衡体系。财政均衡体系属于国家经济均衡体系之中，它体现了政府间的财政关系和财政地位。财政关系是国内政府间经济和政治关系的核心，它直接决定中央与地方各级政府实现其各自职能的能力和程度，从而决定各级政府在整个公共事务活动中的地位。

从这个角度讲，国家财政均衡体系就是一个主权国家为实行一国横向和纵向财政能力和财政权力基本均衡而设计的政策目标体系及政策工具体系。

在经济社会发展进程中，均衡是一个始终为人们所追求的理想目标。不幸的是，在人类追求这个均衡目标的进程中，非均衡的资源配置永远是一个常态，财政资源的配置也不例外。在我国，由于各省份经济实力的差距，我国各省份的财政能力的横向差距日渐扩大，特别是考虑到各地财政支出成本的差异以及基本事权的扭曲，各省份的总体财政能力差距要远超经济发展差距。

中国有着追求均等的悠久历史和文化传统。30 多年的高速经济成长，不经意间中国已成为一个在经济财富和基本公共服务分配方面存在严重不平等的国家。尤其是基础教育、基本医疗等基本公共服务的不平等程度甚至超出了一般发展中国家。

当然，在中国这样一个人口众多、地区差异极大的发展中大国里，确保

人人能享受到最低标准的公共服务其难度超过了世界上任何国家。但是，要想保持经济健康发展并使经济发展成果惠及全民，我们必须稳步推进国家财政均衡体系建设。这既是一个文明社会的基本要求，也是中国实现可持续发展战略目标的重要保证。

纵观世界其他国家，政府间财政均衡体系建设已有100多年的历史，很多国家特别是发达国家已经取得了一些比较成熟的经验；而在各国财政均衡体系建设中，均衡目标的选择和均衡工具的设计是两个最重要的内容。其中，均衡目标的选择是均衡工具的基础，两者缺一不可，互为支撑。因此，立足国情及国际经验，我国应该积极构建有中国特色的国家财政均衡体系。

我国财政均衡体系的目标体系应该是实现基本财政能力均衡，进而为实现基本公共服务均衡化提供财力保障。也就是说，我国的财政均衡目标包含两层含义：（1）财政能力均等化——定义为一国内部各辖区为其支出融资的能力大体均等；（2）基本公共服务的均等化——定义为一国内部即便是贫困人口也有机会享受国家最低标准的基本公共服务。简言之，财政均等包括"能力均等"与"服务均等"两个方面。其中，服务均等为公民"基本权利"。

至于均衡程度则取决于我国的现实国情。中国财政均衡程度只能在有限的范围内和在较低的程度上，具体地讲，政策目标只能保证那些处境最差的人群的最低标准基本公共服务。也就是说，中国的财政均等化并不意味着"拉平差距"，而是消除特定辖区的"财政贫困"和弱势群体的"服务贫困"，也就是有限的财政均衡。

我国财政均衡体系的目标体系应该是纵横交错的政府间财政转移支付工具体系。目前世界上实现政府间财政能力均衡的工具主要依赖财政转移支付制度。政府之间的转移支付实质上是各地区间横向的财力再分配，不管横向和纵向转移支付，都是经济发达的地区把财政收入转移给经济落后地区。我国长期以来一直采取的是单一的自上而下的纵向财政平衡，这种转移支付模式缺乏必要法律规范，透明度较低，稳定性差，多年来的实践表明其均衡效果不尽如人意。

国际上财政均衡的工具体系模式有两种：一是单一纵向的转移支付；二是以纵向为主、纵横交错的财政均衡体系。在后一种模式下，纵向转移支付侧重于解决纵向非均衡问题，横向转移支付则侧重解决横向非均衡问题，各有重点。两种模式结合使用，均等效果很好。结合国情，从长远看，我国应采取以纵向为主、横向财政转移支付为辅、纵横交错的财政均衡工具体系。

2. 国家财政均衡体系的功能。一般说来，国家财政均衡体系有如下功能：

（1）平衡功能。改革开放以来，我国利益群体发生了急剧的分化，听任发展，必然会导致社会矛盾激化，对社会和谐与稳定构成潜在的威胁。为了实现利益均衡，同时要保持经济的快速发展，必须建立可行的利益平衡机制。这种利益平衡机制就是促使利益在不断增长的过程中达到相对均衡稳定状态。

财政均衡体系从一开始就立足于政府间财力利益的平衡而建立，致力于实现公民基本公共服务均等化的实现，其实这就是居民利益的基本平衡。使得不同地区居民，无论当地经济发展水平如何，都能享受到基本的生存和发展权力。实践也证明，财政均衡体系中的转移支付是最能平衡群体利益的工具，尤其是在保护弱势群体方面更是有独到效果，如我国历史上的生活物价补贴、煤炭补贴等。

（2）调节功能。地区间经济社会发展差距是个自然和历史的过程，如果差距过大，将危及国家安全。财政均衡体系中的目标及工具都能体现协调发展的精神，尤其是其转移支付制度能促进各地区经济协调发展进行调控。即使在发达国家，也需要通过转移支付来提高公共服务的均等化程度，而公共服务均等化则是实现区域经济协调发展的前提条件。

从性质上看，转移支付属于财政再分配，是通过政府间的转移支付，对那些市场调节作用微弱、市场配置作用发挥困难甚至市场配置作用失效的环节和领域，作用尤为明显。可见，财政均衡体系是国家直接的宏观调控杠杆。

（3）制衡功能。有效的财政均衡机制能形成政府间互相制衡的效果，尤其是形成对中央政府的有效制衡机制。当中央政府过度强化自己作为管理者的特殊利益时，如何有效制衡？地方政府作为参加者，是中央政府可能发生的机会主义的直接"知情人"。如果建立了国家层面的财政均衡机制，地方政府就可以在法定的框架下维护自己合法的财政利益。比如，纵向财政转移支付中的不均衡现象、"跑部钱进""马太效应"等，都是中央政府对地方利益的非均等配置。建立了财政均衡体系，相当于在中央和地方政府间建立一种双向思考、双向适应、双向监督的约束机制，达到互相制衡的目的。

（二）国家财政均衡体系的外延与构成

从内容来看，一般性的国家财政均衡体系包含如下组成部分：

1. 财政权利均衡。财政权利与财政权力是两个不同的概念，前者属于法律上的概念，后者则属政治上的概念。财政权利是指财政主体在财政活动中，为实现某种利益，而依法具有的为某种行为或不为某种行为，要求对方主体为某种行为或不为某种行为的资格，是法律赋予的财政主体实现其意志或利益的资格，是一种可能性。主要有财政立法权、预算权、税收征管权、税收减免权、国债发行管理权、资金分配权、财政监督权。

财政权利均衡在现实生活中就是要求任何地方政府、任何居民个人都具有同等的财政权利，这个权利没有施舍和恩惠的成分，是一种与生俱来的利益。

2. 财政权力均衡。财政权力作为一种能动力量，是财政机关在作出会影响同一社会制度内其他人的行为的决定时，所具有的能力或者潜力。首先，财政权力是一种能动的支配的力量。就某一具体权力而言，该权力所及的对象对于这种管理必须遵从，而且这种权力的能动的支配力量，是以国家强制力作后盾的。同时，财政权力具有双重性，双方互为依存，既有建设性和创造性，又有破坏性和腐蚀性。

财政权力均衡是指财政运行必须受到制衡，包括社会对财政行为和财政机关的制衡，也包括财政运行主体之间的制衡。财政权力最终为人民所有，受人民的监督和约束。

从上述财政权利和财政权力的均衡分析中，我们发现：财政权利是财政权力的本源，即无权利便无权力。正是从这个意义上来讲，财政权力是巩固、捍卫财政权利而存在的，没有了财政权利，财政权力也就失去了存在之必要。

3. 财政能力均衡。财政能力的均衡其实就是财政能力均等化，也就是说不同地区的居民不管贫富都应该具备基本财政资源以保障其基本公共服务需要。目前，财政能力均衡一般分成两个层面：第一，区域层面的均衡配置。确定财政资源在不同区域之间的配置边界，围绕缩小区域差距，财政必须以非均衡手段调节社会资源在不同区域之间的配置，提高财政资源在不同区域间的配置效率。第二，群体层面的均衡配置。确定财政资源在社会群体之间的配置边界，围绕基本公共服务均等化和主体功能区建设，财政资源的配置要协调不同地区、不同阶层的群体间利益。

4. 公共服务均衡。如果说，财政权利均衡是条件、财政权力均衡是保障、财政能力均衡是手段的话，公共服务均衡其实就是财政均衡体系的最终目的。其本质含义就是保证国家不同地区及不同地区的个人能享受到政府提供的公共服务。由于公共服务的性质是满足不同阶层、不同地区的所有公民的公共需求，但有些公共服务是所有地区所有阶层都需要的，所以基本公共服务是全体人民最基本的、最广泛的要求，也就是保护个人最基本的生存权和发展权所必需的公共服务。

根据整个社会基本需求的层次，我们可以把人类发展大致划分为两个大的阶段，即生存型社会和发展型社会。所谓生存型社会，是指人类发展的初级阶段，在这个阶段，人类发展的基本目标是解决温饱问题。所谓发展型社会，是人类发展水平相对较高的阶段，在这个阶段，发展的基本目标是解决人的全面发展需要。随着社会生产力的提高，人的基本需要也在不断升级，当基本温饱需求得到比较充分的满足之后，或者说，基本温饱需求在整个社会消费结构中所占的比例下降到一定比例之后，社会就必然由生存型社会过渡到发展型社会。在这个社会阶段，公共服务均衡就成为政府与公众之间共同关注的问题，也是最能诱发社会动荡的因素。

（三）国家财政均衡体系视角下对口支援的转型与改造

理论上讲，对口支援其实就是一种横向财政转移支付制度。就对口支援运行的实质内容而言，它是在受援方政府自身财力无法承担提供所需公共产品和公共服务时，由支援方政府用财政性资金帮助受援方政府履行这些职能的活动，因此它主要体现为地方政府间的财政资金的转移，从这个角度看，对口支援具有横向财政转移支付的特性。

从我国对口支援的运行模式来看，对口支援的功能主要体现在对困难地区的帮扶，着眼的目标是共同发展、均衡发展；横向财政转移支付立足于政府提供公共产品、公共服务均等化的原则，更加关注公共财政的公平与合理。两者虽存有大量的交集，但各有侧重。

正因为如此，横向财政转移支付制度并不能替代全部对口支援的法制化架构。对口支援中直接的"一对一"的横向财政资金转移在机制设计上过于简单。因此，借助于国家财政均衡体系的构建，应将我国实施多年的对口支援进行规范化、法制化的转型与改造。

我国对口支援转型与改造思路：

第一，明确对口支援的性质和地位。对口支援从本质上来说属于国家动员体系或者国家救助体系。尽管其有财政均衡效果，但不应将其长期化和固定化。在国家动员体系中其可以发挥主干作用，但是在国家均衡体系中，其只能作为补充或退出该领域。

第二，适时转型为横向财政转移支付。对口支援行动实质上是基于资源集中的国家动员机制，是基于政治任务而非法律义务而发生的非规范性、经常性行动。其中，基本民生补助类、民族互助类、区域开发类的对口支援理当并入规范化的横向转移支付体系之中，将这种应急性的行为规范为长期性的区域均衡机制。

第三，保留在国家动员体系或者救助体系的对口支援仍需不断改造，使之适应市场经济和社会发展的需要。比如，对口支援扶贫类型的行动很多可以通过市场化方式运行、自然灾害救助类应该与国家储备体系紧密联系。

这样，也就是将过去的"暗补"改为"明补"，不但激励了富省份也鞭策了穷省份，更符合中国地区之间差距较大的国情特点，我国原来单一纵向的转移支付制度就逐步过渡到以纵向为主、纵横交错的转移支付模式。

纵横交错转移支付，也称"混合式"，即以纵向转移支付为主，横向转移支付为辅，纵横交错，相互配合。这种转移支付方式，首先由中央政府通过特定手段进行纵向的转移支付，然后由中央政府组织各地区政府间进行直接的横向转移支付。其中，纵向的转移支出侧重于贯彻国家经济政策，实现中央政府的宏观调控目标。横向的转移支付主要用于弥补经济落后地区的财政开支不足，缩小地区财政差距，实现基本公共服务均等化。

随着国家财政均衡体系的构建及对口支援的转型和改造，横向财政转移支付、纵向财政转移支付、对口支援的特点及作用边界也随之调整，如表5-1所示。

表5-1　　　横向、纵向财政转移支付和对口支援的特点、作用调整

项目	规范性	法制化	时机和频率	透明度	技术难度	边界
对口支援	差	差	偶然	差	差	灾害救助、突发事故
纵向转移支付	强	强	经常	强	强	基本财力均衡
横向转移支付	强	强	经常	一般	一般	基本公共服务均等化

第三节　实施横向财政转移支付的必要性、可能性、约束性及障碍分析

一、必要性

横向财政转移支付改革的必要性来自两个方面，缺一不可。第一，现实生活中存在必须解决的问题，这些问题衍生了对横向财政转移支付的需求。第二，横向财政转移支付其存在针对性的功效。现实地看，以上两点得到了满足：

（一）现实中存在急需解决的问题

1. 地区间差距长期存在。东部地区与中西部地区经济发展差距与东部地区越拉越大。这已成为我国经济社会持续发展的瓶颈，而且已成为我国实现基本公共服务均等化和维护国家稳定的主要障碍。同时，我国地区间的财力差距大，涉及范围广，具备地区间横向转移支付的条件，富裕地区有可能也有能力向贫困地区转移财力。

2. 现有纵向为主的财政转移支付制度缺乏灵活性。纵向财政转移支付与横向财政转移支付结合运用，是国际上促进落后地区发展、协调区域经济发展过程中普遍采用的办法。但目前我国财政转移支付制度却不具备使财政转移支付的方向、规模随各地经济发展情况变化及时加以调整的灵活调整机制，反而引起"马太效应"，某种意义上说它加剧了东、中、西部财力的不均衡。因此，需要通过横向转移支付作为补充，既可均衡地方财力，又可减轻中央政府的压力。

3. 特殊的地理及地质情况。我国特殊的地理和地质情况，使得西部地区既是环境和生态的屏障，又是资源富集区和供应区。然而这两大"优势"未能给西部带来"福音"，甚至还落入了"资源诅咒"怪圈。西部地区为国家的生态平衡和环境保护作出了巨大的贡献和牺牲。同时，西部地区多年来以较低的价格为东部地区供应着资源产品，服从了东部地区快速发展的"大局"。因此，通过东部发达省份对西部地区进行横向财政转移支付（如对口支援、对口帮扶等），既是合法的"补偿"，又是合理的"回报"，也是一个

"大局"。

4. 对口支援尚需进一步完善的需要。我国的"对口支援"只是一种非制度化的解决办法,具有显著的"计划性"特征,缺乏应有的规范性和足够的科学性。对口支援虽然在一定程度上缩小了地区间差距,促进了地区间经济社会的协调发展,但对口支援却存在着缺乏持续性和稳定性问题。因此,只有通过中央政府建立规范的、科学的、完善的横向转移支付制度才能更加有效地解决地区差距问题,才能使得各地区的人们能够自由地享有均等的公共服务。

5. 生态补偿缺失导致生态失衡严重。长期以来,西部地区为保护环境,在经济发展方面作出了巨大的让步和牺牲。按照国家的主体功能区建设规划,西部很多地方将被列为禁止开发区和限制开发区,这将给西部的经济社会发展带来较大影响。为处理好保护与开发的矛盾,实现人与自然的可持续发展,应该尽早建立环境资源补偿机制,加大对资源保护区地方政府的横向财政转移支付。

(二) 横向财政转移支付的独有功效及作用

1. 横向财政转移支付制度能促进我国区域协调发展。财政转移支付制度是实现区域协调发展的不可或缺的重要手段。现阶段我国地区差和我国长期以来以纵向为主的转移支付制度相关。在纵向财政转移支付制度之外,应当建立起横向财政转移支付制度来弥补纵向财政转移支付制度的不足,通过财政再分配手段来弥补横向财政失衡,从而有效地缩小地区差距,促进区域经济发展,实现我国区域协调发展战略。因此,从缩小地区发展差距的需要出发,我们有必要建立横向财政转移支付的法律制度。

2. 横向财政转移支付制度能促进社会公平。横向财政转移支付制度正是各利益主体(同级地方政府)合理关系的制度安排,通过这些制度安排,使财力富裕地区认识到帮助贫困地区发展是自己的责任和义务。它是一种追求正义的分配制度。横向财政转移支付制度就是要通过制度安排在同级政府间对权利、义务和责任进行合理配置,使不同地区间的财政收入与财政支出基本均衡,从而维护社会的秩序和稳定。因此,构建和谐社会是横向财政转移支付制度的天然使命。

3. 横向财政转移支付制度能弥补现行转移支付的不足。我国现行的财政转移支付制度的两种主要形式是税收返还和转移支付,然而,在区域经济发展差距巨大的情况下，税收返还对缩小地区差距、均衡各地财政水平的作用并不明显，反而扩大了差距，真正得益的仍是经济发达地区。构建规范化、法治化的以纵向转移支付为主、横向转移支付为辅的财政转移支付制度，以尽快促进区域协调发展，实现基本公共服务均等化。

二、可能性

（一）国情基础

中华民族是一个统一和睦的大家庭，千百年来，尽管有过纷争，但是各民族都把维护统一作为最高使命。新中国成立后，民族团结政策使得民族互助已经深入人心，让扶贫济困的优良民族传统发扬光大。尽管过去虽没有直接的横向转移支付方式，但我国各地区之间经济的交流、灾后恢复支援等形式，在财政实质上是不同地区间的横向财政转移支付。完全可以相信，在我国实行横向财政转移支付是完全可能的，是有优良的文化传统做保障的。而且，我国特色的横向财政转移支付制度的探索也将为世界上其他国家平衡地区财力提供经验和借鉴。

（二）历史经验

党中央和国务院根据地区实际情况采取的对口支援措施，对于缩小区域差距，促进区域协调发展、社会稳定都发挥了积极的作用。中国目前区域发展不平衡的问题迫切需要横向财政转移支付，因此对口支援承担起了这种历史的重任。汶川地震对口支援、19省市对口支援新疆是新中国成立以来史无前例的横向转移支付服务。虽然我国尚未建立横向财政转移支付制度，但从实质上说，对口支援就是横向转移支付的表现，我国地方政府之间虽然没有一个规范化、公式化、法治化的横向转移支付制度，但具有横向转移支付性质的"对口支援"早已存在。

（三）民族情感

中国是一个有56个民族的统一国家。少数民族地区的繁荣与稳定对中国的长期发展和国家安全具有无与伦比的重要性。由于历史原因，我国少数民族主要聚居于贫穷的西部，多年来的对口支援实践，使得西部地区尤其是少数民族地区人民与东部地区人民因此结下了深厚的感情。通过纵横交错的财政转移支付来"熨平"少数民族地区和东部发达地区的差距，既能让各少数民族感受到中央关爱的幸福，也能品尝在中华民族大家庭中"兄友弟恭"的温暖。这表明，在我国实行横向财政转移支付是完全可行的。

（四）财政技术

经过多年的实践，我国转移支付规模日渐扩大，管理的技术水平日臻完善，渐渐由最初的基数法转向了科学的因素法。转移支付的形式也呈现多样化的特征，由单一的税收返还渐渐过渡到税收返还、过渡时期转移支付、专项转移支付等。另外，从1999年下半年开始，全国财政系统开始实施"金财工程"，加快财政管理信息化建设，使财政改革进一步走向深入和规范，为财政的精细化管理提供了现代技术支撑。

（五）国际借鉴

国际上具有建立横向财政转移支付制度的立法先例，如德国就实行纵横并行的财政转移支付制度。虽然我国的国家制度、财政管理体制、行政体制等方面与德国不同，但德国横向财政转移支付制度的成功实践仍然可以为我国借鉴。从财税体制上看，德国是联邦制国家，实行联邦、州、地方三级管理体制，实行的是分税制财政体制。同样地，我国目前也实行分税制财政管理体制，从制度运行环境上看，德国是市场经济社会，各州之间存在差距，德国西部老州是富裕地区，而东部新州则相对贫困。我国东部沿海是富裕地区，西部内陆地区则相对落后。由此证明，我们完全可以在总结德国财政转移支付成败两方面经验教训的基础上，结合我国实际情况，构建我国以纵向为主、横向为辅的财政转移支付制度。

三、约束性及障碍分析

1. 我国缺乏横向财政平衡体制有效运作的法治环境和矛盾协调机制，不仅法治化程度比较低，而且也没有实施横向财政平衡机制的法律环境，很难保证横向转移支付分配的透明度。加之我国缺乏高效有力的矛盾和冲突的协调机制，难以保证横向财政平衡体制的顺畅运行。明确各级政府的支出责任，优化政府间的财政转移支付模式，提高转移支付效率，具有重要价值。但是，目前我国的政府间转移支付模式中各级政府间的支出责任模糊，尤其是事权不对称的现状，已然比较严重地影响了横向财政转移支付的实施。

2. 横向财政转移支付所需的技术条件尚不完备。横向财政转移支付需要政府间财政分配关系明晰稳定，且各级政府财政能自律。同时，必须具备科学真实的财政基础数据，另外我国也缺乏有效的现代化数据处理系统与技术。总之，既有的财政管理水平与技术离实施横向财政转移支付的要求还有相当大的差距。

3. 缺乏具有强制性的制度保障。自分税制以来我国建立的政府间的财政转移支付制度实质是单一的纵向转移支付制度，不存在规范化、制度化的横向转移支付制度，因此，对口支援虽然具有横向转移支付的性质，但由于其没有具有强制性的制度保障，使得其在转移支付的时间上缺乏持续性，并且由于没有转移支付依据，转移支付资金来源就极不稳定。

4. 同级政府间横向财政转移支付的立法和实践仍处于空白状态。目前，我国实践中出现了同级政府间进行横向财政转移支付的探索。从 1979 年中央作出《加速边疆地区和少数民族地区建设》的决定以来，省际间的对口支援活动在全国范围内蓬勃开展。尽管我国的对口支援行动具备横向财政转移支付的性质，但是，目前我国没有出台"转移支付法"，横向转移支付难以得到法律的认可，在实际运行中势必导致师出无名、效率低下等问题。

第六章 中国特色横向财政转移支付制度框架探析

我国的对口支援其实就是一种基于财政平衡视角下的政府行为，就其无偿平衡政府间财力均衡而言，可以说基本具备标准的横向财政转移支付特征，理当并入规范化的转移支付体系之中，以完善我国财政转移支付体系。

规范化的横向财政转移支付制度是各级政府间的财政再分配活动，是世界各国用来调节地区间财政分配关系的通行做法，也是成熟的分税制财政体制的重要组成部分。但是，我国的对口支援作为一种政治安排，其效果的发挥仍不如意，最大的原因在于其缺乏规范性。这个规范性就是要立足国情构建有中国特色的横向财政转移支付制度框架。

我国横向转移支付制度框架除了具备一般转移支付应有的特征之外，还必须包含以下内容：伦理基础、法理依据、内容体系、执行标准、绩效考核、组织体系，如图6-1所示。

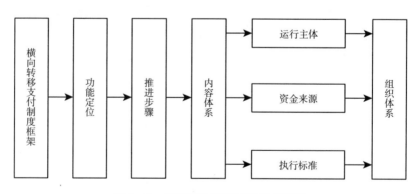

图6-1 横向财政转移支付制度框架

第一节　中国特色横向财政转移支付的功能定位

一、既有横向转移支付功能观

虽然我国没有对横向转移支付制度在法律上进行规范，政府财政活动也没有诸如"横向转移支付"的明文标示，但是我国特有的实施多年的对口支援其实就是中国特色横向转移支付的雏形。具有横向转移支付雏形的对口支援机制虽然在促进国民经济发展、民族团结、社会稳定等方面发挥着重要作用，但也存在诸多问题，如管理松散、效果不明显、认可程度不高等。其中，一个突出的问题尚未得到解决，那就是为什么要实行如对口支援的横向转移支付，即我国横向转移支付的功能定位问题尚未取得共识。

目前我国学者在这方面也有所涉及，形成了以下几种横向转移支付的功能观：第一，民族特殊论（雷振洋、李学军等），该理论主要基于少数民族的特殊性来研究我国横向转移支付的功能定位；第二，政治稳定论（王绍光等），该理论主要基于政权稳定的角度来研究我国横向转移支付的功能定位；第三，灾害及突发事变论（刘铁等），该理论主要基于赈灾及抢险的角度来研究我国横向转移支付的功能定位；第四，生态补偿论（胡仪元、李齐云等），该理论主要基于环境产品效用的外溢性来研究我国横向转移支付的功能定位；第五，基本权力均等论（贾康、安体富等），该理论主要基于公民基本权力均等化角度来研究我国横向转移支付的功能定位。

（一）民族特殊论

该理论认为，民族的特殊性必然导致了民族地区财政职能和财政运行特征的特殊性。为了提高经济发展质量，维护社会和谐稳定，实现各民族基本公共服务均等化的目标，中央政府以及兄弟省份的政府应该加大对少数民族地区的帮扶力度。

（二）灾害及突发事变论

复杂的地质结构决定了我国是一个自然灾害频繁的国家，如汶川地震、南方雪灾、舟曲泥石流等。灾害导致的损失及救援成本往往不是某一地区所能独立承担的。

因此，该理论认为应该伴着"一方有难，八方支援"的友爱精神，一旦某一地区暴发灾害或者疾病等突发事故，应该启动地区间的横向转移支付制度来分担由此带来的公共风险，尽可能减少人员伤亡和财产损失。

（三）政治稳定论

我国是一个统一的国家，如果严重不平等的现象长期存在，尤其是通过制度差异排斥某些特殊群体享受到国家经济发展带来的成果，长期下去会导致不满或加速社会矛盾。

因此，该理论认为，横向财政转移支付能在一定程度上平抑地区间发展差距，有利于国家团结和统一。作为中国政府和人民，这个代价应该承担。

（四）生态补偿论

良好的生态环境是全国性的公共产品，由于其强外溢性，受益者往往隶属于不同区域。如我国西部地区是长江、黄河、珠江、澜沧江等许多重要江河的发源地，是生态系统的平衡枢纽，是保障国家生态安全的要害地区。但是这些地区为维护生态环境付出了巨大的经济代价，而东部等经济发达地区却能够免费享受，这就导致一种不公平，也会打击西部地区保护生态环境的积极性。

因此，该理论认为现在东部发达地区通过区域间的横向转移支付对西部地区进行生态补偿，既是合理的，也是合法的，这样能有效激励各地区保护生态环境的积极性，使得环境保护的成本收益内在化。

（五）基本权力均等说

基本权力均等化是指一个国家内的全体居民无论居住在何地都应该享有的基本无差异的权利。为了维护国家的安全和稳定，负责任的国家必须实现基本公共服务均等化。这就需要政府利用经济和法律杠杆，以熨平基本公共服务差距，其最直接、最有效的方法就是财政转移支付。

该理论鉴于国内基本公共服务的差距，认为横向财政转移支付制度必须以实现基本公共服务均等化为灵魂，使得全体社会成员无一例外地共享改革发展的成果，最终实现社会和谐发展。

二、对既有横向转移支付功能观的评析与甄别

横向财政转移支付的功能其实就是一种得到广泛认可的价值认同。横向转移支付的功能定位必须能够说明横向转移支付实施的终极目标和根本理由。

民族特殊论可以是对边远地区少数民族的一种特殊照顾政策，如果作为我国实施横向转移支付的功能定位，则只是片面地强化了某一群体的利益，根本不具有一项公共政策的普适性，在理论和实践上都是站不住脚的。

灾害和突发事变论强调的只是在灾害或突发事件时才会实行的一种横向转移支付，它不能构成一种制度化、规范化的经常性财政行为。事实上，在没有重大灾害和突发事故的历史时期，对口支援一直在开展。因此，其不能作为横向转移支付的功能定位。

政治稳定论只是从某一个角度说明了我国横向转移支付的一个政治意图，而将其作为一项财政政策的功能定位有失偏颇，尤其是给人一种"花钱买稳定"之嫌，反而助长某些不正常的行为冲动。

生态补偿论则是说明了横向转移支付产生众多原因中的一种，并没有回答横向转移支付的核心目标和根本原因。现实中，很多没有生态利益关系的省份也发生横向财政转移支付行为。

基本权力均等论则是指实现各地区间公共服务均等化，这既是公共财政的一项重要原则，也是我国服务型政府改革的最终目标。因此，基本权力均等论（或者基本公共服务均等论）就应该成为我国横向转移支付所要追求的终极目标。因此，这一功能观才是我国横向财政转移支付制度战略层面的功能定位。

通过比较，不难看出，民族特殊论、政治稳定论、灾害及突发事件论以及生态补偿论都是在基本公共服务均等论这一核心伦理观的指导下引申开来的，其目的都是为了实现基本公共服务均等化。其中，民族特殊论、政治稳定论等是为了通过横向转移支付加大对偏远贫穷地区的支持力度，使该地区的基本公共服务能够达到全国均等水平。而突发事件论和生态补偿论则更是在特殊情况下有针对地实施横向转移支付，使受灾地区或生态区域的基本公共服务能够维持在一定水平。

三、维护基本权利均等——有中国特色横向财政转移支付制度功能定位

将维护基本权利均等论作为有中国特色的横向财政转移支付制度的功能目标，不但在理论上是可行的，在文化、社会、经济等诸多方面也都有其存在的基础和条件。

首先，从文化传统方面看，我国一直秉承着"不患寡而患不均"的儒家文化思想，力求做到相对公平。其次，从政府转型来看，我国政府正朝向服务型政府转变，也就是一个以民众为中心的政府，为社会公众提供基本公共服务是政府的主要任务和首要目标。最后，经济方面，我国践行"包容性增长"的经济发展目标。它强调机会的平等，公平地获得和参与增长的机会，合理共享增长成果，推进基本公共服务均等化也是其题中应有之义。

公共财政正是体现了正义的观点。所以我国的横向财政转移支付制度应以维护基本权利均等作为灵魂法则，通过同级政府间财力互助，从而实现基本公共服务均等化，最终实现社会公平。

因此，鉴于我国的国情，维护基本权利服务均等化是具有中国特色的横向转移支付的核心法则。权利可划分为基本权利和派生权利。所谓基本权利就是生存和发展不可缺少、不能转让并不能分割的基础性权利，主要包括基本经济权平等、基本发展权平等、获得帮助权平等等积极权利。这些权利的义务主体主要是国家或其他公共权力，国家有责任和义务积极保障这些基本权利。因此，这些权利无疑具有公法性质，是公法权利。

第二节　中国特色横向财政转移支付的推进

一、历史机遇

中国早就存在着横向财政转移支付活动。业已实施多年的对口支援其实就是有中国特色的横向转移支付行为，其具备横向财政转移支付的典型特征。从对口支援的发展历程可以看出，我国的对口支援其实就是经济发达地区对

欠发达地区给予人、财、物方面的无偿帮助和支持，是一种基于财政平衡视角下的政府行为，应该说是具备标准的横向财政转移支付特征，理当并入规范化的转移支付体系之中。

汶川地震发生后，国务院出台了《关于印发汶川地震灾后恢复重建总体规划的通知》进行灾后救助，以重建资金供给的对口支援——相当于横向财政转移支付——也相继出台。这为今后省际之间财政转移支付提供了一种操作模式。2010 年 3 月 30 日，全国对口支援新疆工作会议确定了全国 19 个省（市、自治区）按照本省份各自的财力、物力支援新疆，特别是南疆和建设兵团。此次对口援疆，从实践角度丰富了我国横向财政转移支付制度，并为推进我国正式的横向财政转移支付制度打下了现实基础。

二、模式选择

横向转移支付制度的模式就是如何确定其在转移支付制度体系中的地位问题。基于我国是一个地区发展差距比较大的国情约束，可以选择以纵向为主、横向为辅的纵横交错的财政转移支付模式。

纵横交错转移支付，也称"混合式"，即以纵向转移支付为主，横向转移支付为辅，纵横交错，相互配合。首先由中央政府通过特定手段进行纵向的转移支付，然后由中央政府组织各地区政府间进行直接的横向转移支付。其中，纵向的转移支付体现中央政府的权威，横向的转移支付体现民族团结和大家庭的温暖。这应该是我国转移支付模式改革的不二方向。

但是，这种转移支付方式的技术要求高，操作也比较复杂，需要具有翔实准确的统计分析资料、科学规范的管理体制和严密高效的运作系统，而且要求有良好的社会、经济环境做保障。

三、推进步骤

第一步：在"十二五"时期，实行现行过渡性的转移支付办法，逐年缩减税收返还的规模。深入研究对口支援的改革方向，将对口支援中具有横向财力均等性质的行动进行横向财政转移支付专项试点，从技术上为建立规范化的横向财政转移支付制度做好了准备。

第二步：在"十三五"时期，基本建立起科学规范的政府间横向财政转移支付制度。选择部分省份进行政府间横向财政转移支付的试点，为全面推广有中国特色的横向财政转移支付做准备。在横向转移试点阶段，将对口支援中的民族团结、区域开发加上中央反复强调的生态补偿一起作为我国横向财政转移支付的组成体系全面试点推进。

第三步：在"十四五"期间，我国分税制财政管理体制已经规范稳定，全面实施横向财政转移支付的技术条件和法律环境也臻于完善。这时，将建成高效的、有中国特色的横向财政转移支付制度，形成秩序井然的纵横交错的转移支付体系。

第三节　中国特色横向财政转移支付的内容体系
——基于对口援疆的思考

一、对口援疆的内容提炼

规范化的横向财政转移支付制度是各级政府间的财政再分配活动，是世界各国用来调节地区间财政分配关系的通行做法，也是成熟的分税制财政体制的重要组成部分。但是，我国的对口支援作为一种政治安排，其效果的发挥仍不如意，最大的原因在于其缺乏规范性。这个规范性首先体现为内容体系的规范性，应当恪守"有所为有所不为"的原则，不能成为"万金油式"的政府行为。

基于此，本书从对口援疆行动中挖掘我国未来横向财政转移支付内容体系，该内容体系既沿袭了多年的对口支援实际，又基于国际横向转移支付的成熟做法。

2010年3月，全国对口支援新疆工作会议在北京召开，中央决定通过推进新一轮对口援疆工作加快新疆跨越式发展，确定北京、天津、上海、广东、辽宁、深圳等19个省市承担对口支援新疆的任务。会议之后，各个省市紧锣密鼓地开展了声势浩大的"对口援疆"行动，可以说，此次"对口援疆"行动的规格之高、规模最大、持续时间之长、影响之深远，足以震撼全球。因此，以"对口援疆"的支援内容为切入点研究我国横向转移支付的内容体系，应该说有"一叶知秋"的效果。

经过总结，此次对口援疆的具体内容如表6－1所示。

表 6 - 1　　　　　　　　　　**2010 年全国对口援疆内容**

支援地	受援地	支援内容
北京	和田地区和田市、和田县、墨玉县、建设兵团农十四师团场	棚户区改造、抗震安居房暨新农村建设工程、设施农业建设工程、人民医院病房楼建设工程
广东	喀什地区疏附县、伽师县、兵团农三师图木舒克市	援建喀什地区公共服务、基础设施、产业发展、城乡建设、环境保护等各项工作
深圳	喀什市、塔什库尔县	着力帮助解决对口支援地区民生问题，改善人民生活，把人财物重点投向民生领域
江苏	克孜勒苏柯尔克孜	把保障和改善民生作为对口支援工作的重中之重
上海	喀什市巴楚、莎车、泽普、叶城	重点放在群众最为关注的民生问题
山东	喀什地区疏勒县、英吉沙县、麦盖提县、岳普湖县	着力支持民生保障项目建设；着力培育特色优势产业；以智力帮扶为重点，着力强化人才援疆工作
浙江	阿克市地区的 1 市 8 县和新疆生产建设兵团农一师的阿拉尔市	突出改善民生；突出干部、人才支援，突出项目支援，突出产业培育和资源开发利用
辽宁	塔城地区	把住房等民生问题作为对口支援的工作重点
河南	哈密地区、兵团农十三师	实现优势互补，实现豫新两地共同发展
河北	巴音郭楞蒙古自治州、兵团农二师	把保障和改善民生放在对口支援工作的优先位置，把资金、人才、技术、智力等更多投向民生项目
山西	农六师五家渠、昌吉回族自治州阜康市	以企业为骨干，实现互利共赢
福建	昌吉回族自治州的昌吉市、玛纳斯县、呼图壁县、奇台县、木县 6 个县市	帮助各族群众解决就业、教育、住房等基本民生问题
湖南	吐鲁番地区	把促进科学发展作为对口支援的突出任务；把改善民生放在对口支援的优先位置
湖北	博尔塔拉蒙古自治州博乐市、精河县、温泉县与兵团农五师	着力解决博州和农五师经济社会发展的瓶颈和难点问题，切实加强受援方的造血机能
安徽	和田地区皮山县	突出重点，坚持当前与长远相结合、输血与造血相结合、硬件与软件相结合、政府与市场相结合
天津	和田地区民丰、策勒和于田 3 县	天津对口援疆落实 10 项措施，发展新疆经济，维护民族团结

支援地	受援地	支援内容
黑龙江	阿勒泰地区福海县、富蕴县、青河县和新疆生产建设兵团十师	围绕农业产业化、矿产资源开发、地质勘探等领域，通过技术支援、资本输出、人才共享、合作开发
江西	克州阿克陶县	力争使阿克陶县经济总量、财政收入实现三个翻番
吉林	阿勒泰地区阿勒泰市、哈巴河县、布尔津县、吉木乃县	把对口支援的重点放在着力改善生存性民生问题、保障性民生问题、解决安全性民生问题

从表6-1可以看出，此次"举国援疆"有如下高频"关键词"：民生、产业、环境保护、民族团结等。

二、构建中国特色横向财政转移支付内容体系的国情思考

横向转移支付作为一种利益再分配行为，确定其内容体系必须兼顾我国国情。

（一）区域差距

经济发展水平的差距必然导致各地区公共服务能力上的差距，这已成为我国经济社会持续发展的瓶颈，而且已成为我国实现基本公共服务均等化和维护国家稳定的主要障碍。因此，采取包括横向财政转移支付在内的各种政策措施，使东部的资金、技术、人才等向西部转移符合国家包容性增长战略要求。

（二）多民族统一国家的需要

中国是一个多民族的统一国家，少数民族地区的繁荣与稳定对中国的长期发展和国家安全具有无与伦比的重要性。由于历史原因，我国少数民族主要聚居于自然环境相对较差的西部。通过纵横交错的财政转移支付来"熨平"少数民族地区和东部发达地区的差距，既能让各少数民族感受到了中央关爱的幸福，也能品尝在中华民族大家庭中"兄友弟恭"的温暖。

（三）特殊的地理及地质情况

我国特殊的地理和地质情况，使得西部地区既是环境和生态的屏障，又是资源富集区和供应区。然而这两大"优势"未能给西部带来"福音"，甚

至还落入了"资源诅咒"怪圈。西部地区为国家的生态平衡和环境保护作出了巨大的贡献和牺牲，多年来以较低的价格为东部地区供应着资源产品，服从了东部地区快速发展的"大局"。因此，通过东部发达省份对西部地区进行横向财政转移支付（如对口支援、对口帮扶等），既是合法的"补偿"，又是合理的"回报"，也是一个"大局"。

三、我国横向转移支付内容体系初构

总结我国的对口支援行动，结合中国国情，本书根据"共担、共享、共赢"原则，认为有中国特色的横向财政转移支付内容架构体系应该包括：生态补偿、基本财力均等化、区域共同开发、民族团结四大内容体系。其中，生态补偿属于"共担"范畴；基本公共服务均等化、民族团结及特殊文化保护属于"共享"范畴；区域共同开发则属于"共赢"范畴。

（1）生态补偿类横向转移支付。生态补偿是以保护生态环境、促进人与自然和谐为目的，根据生态系统服务价值、生态保护成本、发展机会成本，由生态受益者向生态保护责任者、生态建设者承担经济损失而进行补偿的一种横向转移支付类型。从国情及环境保护实际形势出发，目前我国建立生态补偿类横向转移支付的重点领域有四个方面：自然保护区的生态补偿、重要生态功能区的生态补偿、矿产资源开发的生态补偿、流域水环境保护的生态补偿。

（2）基本财力均等化类横向转移支付。基于全国基本公共服务平均水平，此类横向转移支付的主要内容是通过区域间人力、物力、财力的转移，使得落后地区的基础教育、基础卫生和医疗、基本社会保障、基础公共设施水平达到全国平均水平。

（3）区域共同开发类横向转移支付。无论对口援疆还是汶川灾后重建，都要求增强受援地的"造血功能"，其实就是要求在补齐民生短板之后，通过产业帮扶和产业转移培育受援地的自我发展能力，这就属于区域共同开发类的横向转移支付。当前主要方式有：加快重大基础设施和优势产业项目建设、通过建设工业园区引导产业转移和产业融合。尽管这些都可以通过资本流动、企业联营等市场化的方式运作，但是，政府可以通过减税、贴息等行为有力推动发达地区和落后地区的经济合作。因此，也将之并入横向转移支付体系之中。

（4）民族团结及文化保护类横向转移支付。就多年的对口支援实践来看，横向转移支付在发挥改善民生作用的同时，也赋予了巩固民族团结、巩

固和发展社会主义民族关系等内容。同时，在民族帮扶过程中，对各具特色的民族文化进行保护和弘扬，如汶川灾后重建过程中，对都江堰的修复、羌族村寨的保护等。

上述我国横向财政转移支付内容体系概况如表6-2所示。

表6-2　　　　我国横向财政转移支付内容体系

中国特色横向财政转移支付内容体系	生态补偿	生态功能补偿
		生态开发补偿
		生态外溢补偿
	基本财力	标准财政能力
		基本财政需要
	区域开发	基层开发资本
		对口扶贫
		产业转移
	民族团结	文化保护
		经济帮扶
		智力扶持
		民族交流

第四节　中国特色横向财政转移支付的主体结构和组织机构

一、主体结构

任何一个制度的主体结构基本包括：审批主体、执行主体、运行主体、评估主体、监督主体。对于有中国特色的横向财政转移支付而言，其主体结构的内容及其特点如下：

（一）横向财政转移支付的审批主体

横向财政转移支付的审批主体应该是国家权力机关，由其批准同级人民政府编制的预算中横向财政转移支付项目。因此，横向财政转移支付的审批主体应该是省级地方人民代表大会及其常委会。

（二）横向财政转移支付的执行主体

横向财政转移支付的执行主体包括支付执行主体和接受执行主体。

1. 横向财政转移支付的支付执行主体。横向转移支付的支付主体应该是依照法律规定符合法定条件的发达地区的地方政府，简单说就是贡献资金的地方政府。中央政府是横向财政移支付法律制度中的组织协调主体和争端解决主体。

2. 横向财政转移支付的接受主体。接受横向财政转移支付的一般是指依法有权从其他同级政府取得一定财政资金的地方政府。随着时间的推移，发达和贫困是相对的，因此，需要确定一个标准。

（三）横向财政转移支付的运行主体

横向财政转移支付的运行主体无外乎是政府或者市场，以及处于二者之间的非政府组织。随着公民社会的发展，公共服务的共有、共治、共享趋势日益明显。市场力量、非政府组织等逐步参与财政提供公共服务的活动之中。在政府财政活动中引入市场机制是在改进效率前提下更好地实现公平，并不意味着对政府主导地位的放弃。

横向财政转移支付的性质从一开始就决定了其必须坚持政府主体地位，但并不排除政府与市场的无缝组合。该组合必须坚持普遍义务性横向财政转移支付必须以政府为主，公益性横向财政转移支付可以让非营利部门参与，差异化横向财政转移支付可以让营利组织参与其中。

政府供给普遍义务性横向财政转移支付。无论何时，政府的核心作用在于向社会全体成员提供普遍的无差别的公共服务。这既是一种机会平等，又是底线服务，对社会的发展和稳定而言，具有基础性地位。

横向转移支付是政府的重要职能并不等于说市场和企业在此领域不能发挥作用。西方公共服务改革给我们的启示是：在公共领域必须打破政府垄断，引入竞争机制，焕发政府、市场和非营利组织的共同作用。政府可以统筹规划，在宏观调控下通过各种力量满足不同人群的多样化需求。

因此，必须动员社会各方积极参与我国特色的横向财政转移支付制度的构建，包括政府、非政府组织、企业、个人。其各个主体的作用领域如

表6-3所示。

表6-3 　　　　　　　　　　　横向财政转移支付运行主体作用领域

	内容体系	组成体系	运行主体
中国特色横向财政转移支付内容体系	生态补偿	生态功能补偿	政府
		生态开发补偿	政府 + NGO + 企业
		生态外溢补偿	政府 + NGO + 企业
	基本财力	标准财政能力	政府
		基本财政需要	政府
	区域开发	基础开发资本	政府
		对口扶贫	政府 + NGO + 企业
		产业转移	政府 + 企业
	民族团结	文化保护	政府 + NGO + 企业
		经济帮扶	政府 + NGO + 企业
		智力扶持	政府 + NGO
		民族交流	政府 + NGO

（四）横向财政转移支付的评估主体

对横向转移支付资金开展效益评价，促进规范化横向转移支付指标体系的建立。采取适当的方式方法，对现存横向转移支付资源与环境补偿、基本权力均等维护、区域共同开发、民族团结和特殊文化保护等横向转移支付资金使用的真实性、合法性及其经济效益和社会效益情况进行全方位的评价或评估，通过建立和完善横向转移支付审计评价指标体系，推动规范化横向转移支付指标体系的建立和完善。

可以设立一个类似于印度、澳大利亚的独立于行政权力机关之外的具有咨询性的评估委员会。这种方案的优点在于让民众觉得比较"公平"，在较大程度上让民众充分相信评估结果是在信息充足的、客观的和透明的基础上经计算后作出的。最后，该评估委员会作出全面、详细的评价，总结经验及教训，提出改进与奖惩建议，并及时向本级人民代表大会及其常务委员会汇报。

（五）横向财政转移支付的监督主体

监督机制是横向转移机制建设中不可缺少的内容，没有监督，转移资金没有用到实处，那么横向转移就失去了意义。因此，建立起有效的横向转移监督机制，保证转移资金规范、合理和透明地运行，同样是横向转移机制建设的一项重要任务。

可以在全国人大财经委员会设立全国横向财政转移支付委员会，专门负责研究横向财政转移支付规模的设计和测算、转移支付的一般程序，并监督转移支付的执行情况。在监督内容上，依法赋予监督者明确的横向财政转移支付监督职责，从立项、预算、拨付、管理和使用的全过程各个环节进行监督；在权力行使上，该机构独立行使监督权，有权对横向财政转移支付中的违规违法行为作出处罚。当然，应该在制定《财政转移支付基本法》的基础上明确财政转移支付监督的内容，同时，规范横向转移支付监督的范围、权限和程序，从法律上为横向财政转移支付的监督与评估提供保障。

二、组织机构

组织机构就是把人力、物力和智力等按一定的形式和结构，为实现共同的目标、任务或利益有秩序有成效地组合起来而开展活动的社会单位。为了使横向转移支付制度能够科学有序运行，提高横向转移支付资金的利用效率，必须设立一个专门的组织机构，对其进行相应的法律上的地位确认，具体负责横向转移支付资金的运作。在法律中明确规定该机构的管理职能，并以法律保障其职能发挥过程中的地位。国外转移支付成熟国家的经验表明，财政部一般会是财政转移支付的主要管理机构。但是由于国情体制和经济发展状况的不同，各国还是会根据各自的实际情况对横向转移支付的管理采取不同的形式。从我国实际实行情况及借鉴各国先进经验有以下方案可供选择：

（一）隶属于财政部直接管理的专门机构

该部门可以是在财政部设立一个类似西方国家的"转移支付管理局"等形式。这种设置的好处在于财政部是负责政府资金分配的部门，由其委托部内的一个专职部门负责转移支付的测算、分配和管理，操作起来会相对容易一些，减少其运行成本，但是由于其独立性较差的特点容易会引起权利寻租和地方政府对其公平性怀疑下的做行不一，使其横向转移支付的作用严重受损。当然，该机构必须接受全国人民代表大会常委会和财经委的监管。

（二）直属于最高行政机构的独立行政管理机构

设立一个不隶属于任何中央部委，而是直属最高行政机构国务院的独立的部级委员会。该委员会的成员由会计、统计、法律和财税方面的专家学者组成。该委员会的主要职责是建立公开、公正和透明的横向转移支付的分配模型，制定科学精确的横向转移支付测算方法，完成每一个财政年度横向财政转移支付的分配方案，并把该分配方案报送给财政部，由财政部作出最后的决定。而财政部若要否定报送的方案，则必须有充足的理由。该方案的优点在于其能够较好体现其独立的特点，建立公开公正透明的转移制支付模型，但也容易出现不解地方之疼与地方横向转移支付不相适应的纸上谈兵之嫌。

（三）隶属最高权力机关的横向转移支付基金管理的专门机构

笔者认为，最佳选择是隶属最高权力机关的管理机构这种方案。一是作为隶属于国家最高权力机构的专门委员会的分配行为增强了其权威性，能够较好地在社会公众的心目中显示其公正性、民主性；二是转移支付实质上是一种全社会资源的集中再分配，分配到什么地方、分配金额是多少、是否违反了分配均等化的原则，有各省份代表参加，有利于资源的合理配置，也可以减少地方政府对中央的抱怨。

第五节　中国特色横向财政转移支付的
资金渠道和支付标准

一、资金渠道

实施横向财政转移支付战略，离不开强有力的资金保障。但是，仅靠现有资金来源渠道和投融资方式，显然很难满足横向财政转移支付的需要。所以，如何广开融资渠道，多筹资金，就成为保证横向财政转移支付战略顺利实施的重要问题之一。基于其他国家横向财政平衡的经验，结合我国实际，拓宽和夯实我国横向财政转移支付资金来源的途径主要有（见表6-4）：

表 6 - 4　　　　　　　　　中国特色横向财政转移支付内容体系

内容体系	组成体系	资金来源
生态补偿	生态功能补偿	开征环保税
	生态开发补偿	预算专项列支 + 资本市场
	生态外溢补偿	政府预算 + 企业捐赠
基本财力	标准财政能力	政府预算
	基本财政需要	政府预算
区域开发	基础开发资本	政府预算 + 资本市场
	对口扶贫	政府预算 + NGO 捐赠
	产业转移	政府预算 + 企业捐赠 + 资本市场
民族团结	文化保护	政府预算 + 专项基金
	经济帮扶	政府预算 + NGO 捐赠 + 企业捐赠
	智力扶持	政府预算 + NGO 捐赠
	民族交流	政府预算 + NGO 捐赠

（一）开征专项税收

征收累进税"支援不发达地区税"，对超过全国平均财力水平的省份，按不同水平征收超额累进税。征税方式具有规范性和强制性特征，既有利于横向财政转移支付资金需要，又不至于影响发达地区财政的积极性。

（二）通过预算专项列支

在法定程序确定资金转出省份，可以通过当地预算专项列支，也可以通过预备费列支，当然相应的国家财政预算科目需要改进。

（三）通过财政补贴，鼓励社会资本参与横向财政转移支付

横向财政转移支付应该是事关国家安危的重大发展战略，政府尽可能多地鼓励社会资本参与。可以通过财政补贴（如贴息等）向符合一定条件的企业或者组织，提供一定比例的补贴，就可以吸引巨额的社会资本参与横向财政转移支付资金体系的构建。这种办法既有利于减轻财政的压力，也有利于

合理配置社会资源。

（四）有计划地通过资本市场发行横向财政转移支付彩票，扩大资金来源

发行彩票是一种很好的融资方式，不仅筹资数量大，而且不需要还本付息。我国彩票的发行规模还很小，还有很大的空间和市场潜力。如有计划地发行横向财政转移支付彩票，可以激发全国人民参与横向财政转移支付的积极性和热情，体现社会主义制度的优越性，让受援地感受到温暖和关怀。

二、支付标准

横向转移支付是一种"削峰填谷"式的财政平衡机制。"削"多少、"填"到什么程度，都关系支援地和受援地是否"心平气和"和"心安理得"。当前所执行的"上一年度财政收入1%"的横向转移支付标准尚待改进。

本书认为，横向转移支付的执行标准应该服务于性质各异的内容体系，才能做到泾渭分明、并行不悖。上述横向转移支付内容可以对应着生态价值、人均财政支出能力均等化、最低损失、等边际收益、支付意愿等执行标准。

（一）生态补偿类横向财政转移支付标准

生态补偿主要是按照生态价值进行补偿。生态价值包括生态的经济价值、伦理价值和功能价值三个方面，本书选取生态的经济价值作为补偿标准。

生态价值补偿总额 $s = c + \bar{p}$，即生态开发成本和平均利润的总和。式中的平均利润 $\bar{P} = C\bar{r}$，即总投入成本的机会收益，当期开发成本 $C = C_1 + C_2 + C_3$，其中 C_1 为污染者的生产成本和治污成本之和，C_2 为环境污染给他人或社会带来的直接损失，C_3 为环境污染给他人或社会带来的间接损失，r 是利率，n 是投入年限。所以生态价值补充总额 $s = c + C\bar{r} = (c_1 + c_2 + c_3)[(1 + r)^n - 1]$。

那么受益地区的横向转移支付标准应该为：$TTP_j = (c_1 + c_2 + c_3)\dfrac{[(1 + r)^n - 1]}{f(x_j)}$。$TTP_j$ 为 j 地区所应该承担的生态补偿，$f(x)$ 是分摊标准，可以是人口面积或者产值等。

（二）基本财力均等类横向财政转移支付标准

实现基本公共服务均等化就必须保障各地政府间基本财力均等化，其中一个重要的衡量指标是人均财政支出能力的均等化。

设 E_{i1} 为 i 地区某类基本公共服务支出缺口，$E_{i1} = R_n \dfrac{P_i}{P} g_i c_i - TP$，$R_n$ 为全国该类基本公共服务支出总额，R_i 为 i 地区人口，P 为全国人口，g_i 为该地财政收支调整系数，c_i 为该地公共产品成本调整系数，TP 为中央财政纵向转移支付。那么基本公共服务"富余"地区基于均等化的横向转移支付的标准应该为：$TTP_j = \sum \dfrac{E_{i1}}{f(x_j)}$。$TTP_j$ 为 j 地所应该承担的横向转移支付，$f(x)$ 是分摊基数，本书认为应该选取各地可支配财政收入为分摊基数。

（三）区域共同开发类横向财政转移支付标准

区域共同开发主要是通过支援地资本流入带动受援地的产业发展，该行为既可以通过双方企业按照市场方式双向选择，也可以通过支援地政府的产业扶助基金来引导，但应以企业为主体。资本投资原则要求等量资本在任何地区能实现等量利润，即：$\dfrac{R_i}{I_i} = \dfrac{R_j}{I_j} = \bar{R}$，$R$、$I$ 分别表示收益和投资，$\bar{R}$ 为平均投资收益率，i、j 分别表示不同的投资区域。

假如，支援地企业在受援地收益小于行业平均收益 $R_j < I\bar{R}$ 时，而支援地政府强行要求本地企业与受援地企业"结对子"或者"进园区"，那么此时支援地必须对其辖区企业进行至少 $I\bar{R} - R_j$ 的财政补贴。

（四）民族团结类横向财政转移支付标准

此类横向转移支付似乎超然于基本公共服务之外，很难用一个数量化的义务标准进行约束。此时，不妨按照"经济人"假设，根据各地方政府对民族团结及民族文化带给其安全感、幸福感的效应评估，进而按照自己意愿选择一个标准来支付，这就成为该类转移支付的下限值：$TTP_i = f(safe_i, happy_i, \theta_i, \cdots)$，$TTP_j$ 为 j 地转出的财政资金数量，$safe_i$、$happy_i$、θ_i、$\cdots$ 分别表示本地居民对民族大家庭所带来的安全感、幸福感以及 i 地对 j 地经济社会的影响因子等。

第七章　基本财力均等类横向财政转移支付

第一节　权利均等、财政均等、基本财力均等

一、权利均等

公平正义是现代社会的首要价值和核心理念，是衡量社会良性状态和判断与之相适应的制度构建的首要和根本标准，其实质是社会成员都能按照法律规定的方式，公平地实现自己的权利和义务，并受到法律和政府的保护。因此，权力均等就成为每一个文明政府的当然责任。

公民的权利均等是人类社会历史发展进步的产物和表现。1689 年英国的《权利法案》、1776 年美国的《独立宣言》和 1789 年法国的《人权宣言》都规定了公民的基本权利均等。一般而言，基本权利是指一国宪法所确认的公民在政治、经济、文化、人身等方面所享有的主要权利，包括：平等权，财产权，人身自由权，宗教信仰自由权，选举权和被选举权，批评、建议权，申诉或检举权，劳动权，受教育权，健康权等。公民基本权利均等是实现人的自由、维护人的尊严、保障社会公平正义的基础。

所有公民在法律面前一律平等，是权利均等的重要内容和题中应有之义。权利公平不仅指公民个人收入分配的公平，更主要的是指在享受政府提供的义务教育、医疗保障和社会保障等公共服务方面的平等权利。在现代民主国家，政府的一项重要职责就是基本公共服务，即利用政治的、法律的和经济的手段保护和实现公民的基本权利，使所有公民都能均等、普遍地享有权利和承担义务。实现和保护公民基本权利的均等是每一个政府的责任。

公民基本权利的均等实现，是中央政府与地方政府的共同责任。其中，中央政府的责任在于通过纵向财政转移支付为公民实现基本权利"筑基打底"，

引导和鼓励地方政府及个人为实现基本权利而承担各自的责任。地方政府的责任在于将中央政府或上级政府为公民实现基本权利而奠定的基础或底部补强。但由于各地方政府财政实力的差距，富裕的地方政府具有补强的能力，而贫穷的地方政府缺失补强的能力。所以，必须通过横向财政转移支付制度将富裕地区的部分财力转移到贫穷地区，以均衡各地方政府的履责能力。

二、财政均等

财政均等化的对立面即财政差异，是均等化要消除的对象。财政均等化包括两个层面：（1）财政能力均等化定义为一国内部各辖区为其支出融资的能力大体均等；（2）基本公共服务的均等化定义为一国内部即便是贫困人口也有机会享受国家最低标准的基本公共服务。简言之，财政均等包括"能力均等"与"服务均等"两个方面。

对于一级政府而言，公共服务职责的界定决定其支出责任和规模。要较好地履行其公共服务职责，则必须有相应的财政能力做支撑，即实现地方政府公共服务支出责任与财政能力的匹配。因此，可以认为财政能力是指政府以筹集财力、提供公共产品、促进经济增长与社会发展的能力总和。本书认为，狭义的财政能力是指地方政府分配与管理财力资源的能力，通常称为静态财政能力。广义地方政府财政能力是多方面能力的集中概括，具体包括：地方财政的综合与核心能力、配置与调控能力、现实能力与潜在能力、抗风险能力与竞争能力。通常被称为动态财政能力。

财力均等就是要通过促进地方政府财政能力的均等化，确保即便是经济贫困人口也能获得国家最低标准的基本公共服务。这不仅是一个文明社会的基本要求，也是中国社会实现可持续发展的保证。现实也一再证明和演示，财政不均等衍生的基本公共服务非均等化成为影响社会稳定的重要隐患。

三、基本财力均等

鉴于中国目前的财政状况和管理水平，当前只能是实现基本财力均等。所谓的基本财力就是地方财政的基本保障和调节能力，主要包括民意回应能力、公共品供给能力、财政汲取能力。其中，公共品供给能力视为地方财政基本财力的核心能力，民意回应能力、财政汲取能力与制度创新能力都服务于这一核心能力，并直接决定了地方政府公共品供给的效率与水平。

实现我国基本财力均等化对我们现实财政工作有如下的要求或者启发：

第一，基本财力均等而不是全部财力均等。基本财力就是地方政府为实现基本公共服务所必须的财力水平，包括地方政府基本均等的行政管理费、公检法司支出、文教卫生事业等基本支出需要。

第二，目的是实现基本公共服务均等化。基本财力就是着眼于基本公共服务均等化，为其提供财政保障和资金支持。这也是由我国目前财力水平决定的。

第三，可以考虑多种措施实现基本财力均等。基于财力均等和公共服务均等化的考虑，有必要改革现有的财政转移支付模式，实行以纵向为主、横向为辅、纵横交错的财政转移支付模式。

第二节　国外基本财力均等化的模式

总结世界各国的基本财力均等化的实践，实现基本财力均等化大致有三种模式，即"人均财力均等化（财政均等化）""公共服务标准化"和"基本公共服务最低公平"。

一、人均财力均等化模式

根据国际经验，实现基本财力均等化的基础和手段是财政能力均等化，基本财力均等化通常通过财政能力的均等化来实现。人均财力的均等化是指中央政府按每个地区人口数以及每万人应达到的财政公共支出标准来计算向地方政府补贴的一种制度。该模式被欧盟和加拿大采用。

总结财政能力均等化模式的特点为：政府保障所有地区（或省）政府具有大致相当的提供公共服务的财力，保障各区域（或省）的基本公共服务维持在一个相似的水平；财政资金以中央对地方补助为主，其分配的主要依据是区域内人口数和人均财政支出；各个地方政府的财政均等化的财政体制构成为"地方财力＋中央转移支付"；是为了实现各地方基本财力均等化的大体平等，通过税收集成收入，以转移支付的方式补助给财力较弱的地方政府，以便实现全国的人均财力均等。

加拿大是实施基本财力均等化较早的国家，也是目前世界公认的和典型的基本财力均等化的国家之一。其法律规定，省级政府要承担本省的教育、卫生和社会服务等基本公共服务的供给。20世纪30年代的世界经济危机致使加拿大一些省份陷入财政困境，经济萎靡，失业增加，省级政府税收收入减少，没有足够的财力来确保提供这些基本公共服务。在这样的背景下，加拿大联邦政府对这些省份给予财政援助，以确保全国的基本财力均等化。1957年，联邦政府建立了财政均等化项目，1982年将其纳入宪法。加拿大宪法规定，在不改变联邦议会和各省议会权力以及在他们的所有权力得到尊重的前提下，议会和立法机构将与加拿大联邦政府、各省政府一道承诺：促进加拿大居民福祉机会平等；通过经济发展减少机会差别；为所有加拿大居民提供品质适度的基本公共服务。加拿大议会和联邦政府承诺：在可比较的相等税负前提下，确保各省财政均等化，使之有足够的财政收入来提供品质适度的基本公共服务。这样，加拿大就用宪法保证了各省财政均等化，根据全国的平均财政收入水平，对财政收入低的省份进行转移支付。

这种模式有其优点和缺点。优点：中央只是负责拨付资金，有利于地方政府按照本地区的实际基本公共服务需求安排资金的使用，资金的使用更加具有针对性；将财政拨款与人口挂钩符合准公共产品性质，也有利于促进财政拨款方式改革。缺点：这种模式的假定前提是地方政府财政支出主要用于公共事业和公共服务，但事实并非如此；这种模式的结果是经济基础好、发展快的地区得到的补贴少，甚至得不到补贴，而经济基础差、发展慢的地区得到的补贴却很多，这样就有可能导致地方政府失去发展经济动力，依赖于中央政府，不利于地方经济发展。

二、基本公共服务标准化模式

基本公共服务的标准化指中央政府在综合考虑全国财政资金总体情况和经济社会各领域实际基本需求的基础上，制定基本公共服务具体项目的实施标准，对其进行科学的量化和标准化测算，并以此为依据建立财政专项转移支付的模式。该模式被美国的义务教育所采用。

基本公共服务标准化的特点：一是政府制定基本公共服务标准化时要综合考虑全国财政资金总体情况和经济社会各领域实际基本需求。在经济条件允许的范围内制定基本公共服务标准，不能过度提高福利支出比例，否则会给经济增长和国家的宏观调控能力带来负面影响，并最终使提高社会福利的期望落空。二是基本公共服务的提供内容为义务教育、最低社会保障等，强调基本的公共服务一定要保证供给。三是基本财力均等化要有一个统一的标准，要么全国范围统一，要么地区间统一，这样可以直观地进行量化和测算。

该模式是通过具体化、标准化的公共服务来促进均等化，采用这一模式的美国联邦政府颁布的《1995 年对美国公众的服务标准》制定了全国统一的公共服务标准。"2001 年美国通过的《不让一个学生落后法案》规定了义务教育的质量标准，要求通过联邦学业测试，促使学校对成绩差的学生采取措施，帮其达到'合格'要求。该法案体现了'让顾客获得均等的服务利益'要求。"根据联邦政府颁布义务教育的标准化要求，各个州政府也颁布了相应的义务教育具体标准，如美国阿肯色州 2006 年对义务教育的拨款标准为5700 美元/学生。

这种模式有其优点和缺点。优点：该种模式只针对基本公共服务的具体项目，有利于实现某一具体项目的基本公共服务的均等化；因为制定了具体衡量的标准，有利于保证公共服务的供给质量。缺点：从理论上讲，确定基本公共服务标准的原则如果过低，则对社会成员不公平，标准如果过高，则财政承受不了。在实际的操作中，建立公共服务标准是一项技术性很强的业务，我们很难科学确定基本公共服务标准；划定一个标准，搞"一刀切"可能会导致发达地区居民认为其基本公共服务水平过低、服务项目不足，而欠发达的地方政府则可能因财力原因抱怨标准过高，造成地方政府之间产生矛盾。

三、基本公共服务最低公平模式

基本公共服务最低公平也称为基本公共服务最低供应，是指政府为了守住社会的"底线"公平而为公众提供基本公共服务的一种模式。什么是底线公平？国内许多学者对此进行了概括，其中比较有代表性的是景天魁的观点，他认为，底线是"全社会除去个人之间差异之外的共同认可的一条线，在这条线下的部分是每一个公民的生活和发展中共同具有的部分，是起码的部分，其基本权利必不可少的部分。一个公民如果缺少了这部分，就保证不了生存，保证不了温饱，保证不了为了谋生所必须的基本条件"。这种底线由于是个人的基本权利，因此"是政府和社会必须保障的，必须承担的责任意义上而言的，它是责任的底线"。在这条线上的公平，就是底线公平。

基本公共服务最低供应模式由英国学者 C. 布朗和 P. 杰克逊在 1978 年提出，该模式将政府间职能分工与经费保障结合起来，包括多样性、等价性、集中再分配、位置中性、集中稳定、溢出效应纠正、基本公共服务最低供应、财政地位平等等原则。该模式非常注重财政公平与效率的统一，能够解决财政资金转移支付中的一些难题，因而受到西方政府关注。基本公共服务最低公平的特点：主要着眼于社会的"底线"公平，是为了守住公平的"底线"而提供的基本公共服务，保证社会的"底线"公平是政府的基本责任；坚持人人享有最低公平的基本公共服务原则，"国家应让每个居民确信，无论他居住在哪个市或县，都会获得基本公共服务的最低保证，诸如安全、健康、福利和教育"；在保障最低公平基本公共服务的基础上，允许并鼓励有较强经济实力的地方政府提供更多的、质量更高的公共服务。

基本公共服务最低公平的优点与缺点。优点：有利于保证公民的基本生存权与基础性的发展权，维护人们的尊严；由于保障的是最低公平，有选择地将部分比较重要的公共服务列为基本公共服务加以保障，只保障"底线"，财政支出相对较少，特别适合人均财力水平较低，达不到全部公共服务均等化的国家和地区；它既能兼顾国家现实财力，也为进一步扩大基本公共服务范围、提高最低标准留下了空间。缺点：一些财力较强的地方政府很容易就实现基本公共服务最低公平，这样就可能会使一些地方政府失去提供更多的、质量更高的公共服务动力；由于基本公共服务最低公平只是有选择地将部分重要的公共服务列为基本公共服务，很多的公共服务都被排除在基本公共服务范围之外，因而无法满足公众的更高需求。

四、国外缩小区域之间基本公共服务差距的主要做法

(一) 加大地区间的财政转移支付力度

澳大利亚联邦政府对公共服务差距的调节，最主要的手段是专项转移支付。澳大利亚共有 6 个州，2 个领地。政府共三个层级，联邦、州和地方政府。联邦和州政府在公共服务供给方面有比较明确的分工。比如，联邦教育部负责幼儿园、高等教育和职业教育，州和领地自行负责本区域的义务教育。由于澳大利亚是一个联邦制国家，州和领地在经济事务中有很大的自主权，由州和领地自行负责本区域的义务教育就可能出现比较大的差距。在这种情况下，主要由联邦政府对公共服务的均等化水平进行调节。比如，联邦政府

教育部长会议负责教育目标的制定和监控，建立教育差距评估体系，及时地反映差距和缩小差距。澳大利亚专门设有联邦政府州务研究部，独立研究联邦和州政府之间的关系。联邦政府对公共服务差距调节最主要的手段是专项转移支付。专项转移支付可以让州政府按照联邦政府的意图进行公共服务的支出，可以反映公共服务均等化的要求。对于农村和边缘地区的义务教育，由联邦政府实行专项补贴。在许多时候，联邦政府为了促进地方教育的薄弱环节的发展，往往越过州政府，直接采取在州政府辖区办学校的手段来解决问题。

日本的一般性转移支付制度从20世纪20年代末开始萌芽，到1954年正式建立地方交付税制度，历经20多年，并从起初以解决地方财政困难为目标的应急性措施，逐渐过渡到地区间财力差异的调节手段，最终转向以均等化为理念的机制性财力均衡制度。日本地方交付税的主要特点是，中央分别对道府县与市町村两级地方政府直接确定补助。同时，按照各地方政府基准财政收支确定交付税，道府县按标准收入的80%、市町村按标准收入75%作为基准收入，并作为补助基础。日本政府直接用财政转移支付和税收调节来提高落后地区的财政能力。这主要是实行交互地方税制度，用中央财政下拨给地方财政的税收以补地方自主财源的不足部分，以此来缩小地区间人均财政支出或人均公共支出的差距，效果十分明显。1989年高收入的东京地区财政能力指数为1.527，低收入的四国地区为0.25，前者是后者的6.1倍。实行财政转移支付后，东京地区财政能力指数仍为1.527，四国地区则提高到1.032，前者只相当于后者的1.5倍，两者的差距大大缩小。

澳大利亚、日本等政府通过加大地区间的财政转移支付力度，极大地缩小了区域之间公共服务供给的财力差距，从而有力地推动了区域之间公共服务均等化的实现。当前，我国东、中、西部之间经济社会发展不平衡，可以考虑借鉴澳大利亚、日本等国家的成功经验，完善地区间的财政转移支付制度。加大对中西部地区的财政转移支付，逐步增加对西部地区的财政支持和建设投资，以保障中西部具备基本公共服务供给的财力，缩小区域之间的基本公共服务差距。

（二）加大对落后地区的扶持

一是加大对落后地区的财政援助。加拿大通过实行均等化的财政援助制度来确保联邦国家的统一。按照有关法律，加拿大10个省级政府要各自承担

省内的教育、卫生和社会服务等基本公共服务的供给。20 世纪 30 年代世界
经济出现大萧条，经济危机导致加拿大一些省份陷入财政困境，一些省级政
府没有足够的税源来确保法定的基本公共服务供给，特别是一些工业欠发达
省份根本就没有能力提供与发达省份相同的法定基本公共服务。于是，欠发
达省份只好求助于联邦政府。为了帮助这些省份应对世界经济大萧条带来的
挑战，加拿大政府于 1937 年建立了处理各省关系的委员会，来对那些没有能
力为本省居民提供基本公共服务的省份给予财政援助。

　　二是采取税收优惠政策，促进落后地区经济发展。20 世纪 50 年代中期至
70 年代中期，意大利为推动南方地区经济发展和工业化进程，制定了到南方新
办工厂给予 10 年免征利润所得税的优惠政策（当时的利润税率为 28% ~
36%），以鼓励企业家向南方投资。美国联邦政府为鼓励资本向落后地区流
动，还专门扩大了州和地方政府的税收豁免权。同时，美国还实行能自动调
整地区收入差距的累进税制。法国则在洛林、诺尔—加莱两个重点地区实行
"无税特区"，即到这两个地区投资办厂创造就业机会者，除 3 年内免征地方
税、公司税和所得税外，还免征劳工税、各种社会杂税和分摊。

　　三是在落后地区直接进行重大开发性项目投资和建设。有些国家除了实
行财政、税收政策扶持外，还对一些急需办而地方又无力办的大型开发和建
设项目进行直接投资。如从 20 世纪 30 年代开始，美国联邦政府曾直接投资
建设了落后地区三大开发工程和项目。一是从 30 ~ 80 年代末的田纳西河流域
工程，二是从 60 年代初实施的阿巴拉契亚区域开发工程，三是哥伦比亚河的
水电建设和流域开发。对三大工程的开发建设，联邦政府投入了大量的财力，
仅阿巴拉契亚区域开发，到 1981 年国家就投资了 46 亿美元。巴西政府在开
发北部亚马逊地区中，对具有战略意义和长期效益的重点项目也进行了直接
投资和扶持，并为此专门设立了"亚马逊投资基金"。

　　四是通过立法保障落后地区发展。缩小区域之间的差距，需要健全的法
律法规作保障，以保证缩小区域差距的政策得以实施。意大利政府自 1950 年
致力于南方落后地区开发以来，政府及其有关部门共颁布过 20 多个法律法
规。通过这些法律法规，把宏观政策通过法律的形式体现出来，确保开发政
策的顺利实施。为了提高偏僻地区教育水平，日本 1954 年制定了《偏僻地区
教育振兴法》。该法规定，为振兴偏僻地区教育，中央财政应用于：完善学
校的教材和教具、教员的进修；教职员的住宅建造及其他生活福利；体育和
音乐教育设施的配置；师生的保健；为便利学生上学采取的措施等补助市町

村一般的经费。日本法律还规定,对在偏僻地区学校工作的教职员,应发给地区津贴等。为使适龄儿童享受平等的教育权利,对特殊需求的学生建立扶助制度,包括三种类型:家庭经济困难儿童、残障儿童和偏僻地区儿童。

以上国际经验告诉我们,加快对落后地区的扶持,一方面,要促进其经济的发展,从根本上提高欠发达地区政府提供基本公共服务的财力,可以考虑采取税收优惠和项目投资等重要手段刺激经济增长和社会发展;另一方面,要有法律法规的保障,使得相关政策能够顺利实施,并保证政策实施的效果。在我国区域基本财力均等化过程中,也可以借鉴国际经验,加大对中西部地区的投入,保证政策执行到位,从而有效解决我国的区域公共服务非均衡问题。

五、国外基本财力均等化的经验借鉴

(一) 明确各级政府间的事权与财权的划分

虽然各国实行的财政体制不同,日本、韩国实行单一制的财政体制,澳大利亚实行联邦制财政体制,但都对中央与地方的事权范围作了明确的划分,并且有相应的财力支持。借鉴国外经验,我国要想实现公共服务均等化的目标,就得缩小区域、城乡之间存在的差异,使各个地方都能提供大致相同水平的公共服务,也需要中央政府与地方政府的协调配合,即明确各自的事权范围。中央政府应当提供全国性公共服务,以城乡和区域基本财力均等化为重点,强化收入再分配职能;各级地方政府主要负责各自辖区内的公共服务供给,重点关注辖区内居民的实际需求,强化公共服务的供给效率。中央与地方共同承担的公共服务事项也应做到分工明确,属于中央职权范围内的事项由中央直接提供,属于地方职权范围内的事项由地方统一提供,避免出现责任模糊的现象。总之,在提供基本公共服务的事权划分上,应改变过去传统的按事务的隶属关系划分的办法,以便使财力与事权能够相匹配,明确事权划分后,应通过法律制度固定下来。为保证地方政府有足够的财力提供公共服务,各级政府应在合理定位公共服务支出的基础上,合理配置财力结构,充分考虑地方承受能力和积极性。

(二) 加大财政转移支付力度

从国外政府基本财力均等化的发展实践来看,各国政府对财政转移支付非常重视。加拿大政府根据人均财政收入水平，联邦政府对财政收入低的省份实行财政转移支付；美国联邦政府给予州政府大量的以项目或计划为基础的专项转移支付，以确保为具有全国意义的公共服务提供最低标准。日本的地方交付税制度也成为调节地区间财力差异的重要手段。显然，转移支付制度是实现基本财力均等化、调节收入再分配和实现政府目标的重要手段。因此，政府要以服务均等化为核心推进公共服务创新，就应当建立健全政府转移支付制度。一是可以试行纵向转移与横向转移相结合的模式。我国东部与中西部地区差距过大，1994 年分税制改革后，虽然中央财力得到极大增长，但单靠中央对地方的纵向转移，实现地区间公共服务的均等化，将会旷日持久，遥望无期。因此，我们可以试行横向转移支付的方式：由东部发达省份支援西部不发达省份，而且目前我国东部发达地区的经济发展水平和收入水平已接近一些发达国家的水平，有条件也有义务从财力上支持不发达地区的发展。二是目前我国中央财政实力雄厚，应该加大对政府公共服务管理的投入。三是政府要把公共服务的重点转向农村，促进城乡基本财力均等化。

（三）建立健全基本财力均等化的相关法律法规

各国家和地区在基本公共均等化方面都有着比较健全的法律法规体系，如日本的《地方交付税法》《义务教育法》《土地改良法》等，德国的《联邦宪法》，这些法律法规的实施明确了其公共服务均等化的基本目标，保证了公共服务均等化的实现。我国在实现公共服务均等化的过程中，应借鉴国外的经验，加快基本财力均等化的相关立法，有利于增强基本公共服务供给的规范性和约束性。

第三节　我国区域基本财力差距的实证分析

一、财力在政府间的配置差距

人没有血液就无法生存，政府没有收入就无法运转。政府无论要干什么事就必须有适当财力支撑。在这个意义上，财政的汲取能力是国家能力的基石。

本书所谓财政收入是指一般预算收入和财政转移支付。财政转移支付的口径就是指各地区一般预算收支决算总表中的上级政府的补助收入。我国中央与地方政府财政收入的分配格局,如表7-1所示。

表7-1 中国财政收入在中央与地方分配

年份	财政收入(亿元)			比重(%)	
	全国	中央	地方	中央	地方
1978	1132.26	175.77	956.49	15.5	84.5
1999	4348.95	957.51	3391.44	22	78
2002	5218.1	2906.5	2311.6	55.7	44.3
2003	6242.2	3256.62	2985.58	52.2	47.8
2004	7407.99	3661.07	3746.92	49.4	50.6
2005	8651.14	4226.92	4424.22	48.9	51.1
2006	9875.95	4892	4983.95	49.5	50.5
2007	11444.08	5849.21	5594.87	51.1	48.9
2008	13395.23	6989.17	6406.06	52.2	47.8
2009	16386.04	8582.74	7803.3	52.4	47.6
2010	18903.64	10388.64	8515	55	45
2011	21715.25	11865.27	9849.98	54.6	45.4
2012	26396.47	14503.1	11893.37	54.9	45.1
2013	31649.29	16548.53	15100.76	52.3	47.7
2014	38760.2	20456.62	18303.58	52.8	47.2
2015	51321.78	27749.16	23572.62	54.1	45.9
2016	61330.35	32680.56	28649.79	53.3	46.7
2017	68518.3	35915.71	32602.59	52.4	47.6
2018	83101.51	42488.47	40613.04	51.1	48.9

资料来源:1978~2018年《中国统计年鉴》。

可以看出,1978~2018年,地方财政收入占全国财政总收入比重的波动幅度较大,从最初的1978年的84.5%下降到最低的2000年的44.3%,之后开始回升。1994年分税制之后,地方财政收入占全国财政收入的比重整体趋势下降,2018年为48.9%。这样导致的结果是一些地方财政从主要靠自身财力满足支出需要转到严重依赖中央的财政转移支付。1994~2018年,地方财政收入占全国财政收入的比重都远低于地方财政支出占全国财政支出的比重,两者的差距在25个百分点左右,导致了政府财力的纵向严重失衡。

按照事权与财力相适应的原则，低财政收入比例应该对应着低财政支出比重。当然，转移支付可以"熨平"这个差距，表 7 - 2 更清楚看到了政府间纵向财权与事权的背离。

表 7 - 2　　　　　　　中国政府间财政支出承担比重情况

年份	财政支出（亿元）			比重（%）	
	全国	中央	地方	中央	地方
1978	1122.09	532.12	589.97	47.4	52.6
1999	4642.3	1312.06	3330.24	28.3	71.7
2002	5792.62	1754.43	4038.19	30.3	69.7
2003	6823.72	1995.39	4828.33	29.2	70.8
2004	7937.55	2151.27	5786.28	27.1	72.9
2005	9233.56	2532.5	6701.06	27.4	72.6
2006	10798.18	3125.6	7672.58	28.9	71.1
2007	13187.67	4152.33	9035.34	31.5	68.5
2008	15886.5	5519.85	10366.65	34.7	65.3
2009	18902.58	5768.02	13134.56	30.5	69.5
2010	22053.15	6771.7	15281.45	30.7	69.3
2011	24649.95	7420.1	17229.85	30.1	69.9
2012	28486.89	7894.08	20592.81	27.7	72.3
2013	33930.28	8775.97	25154.31	25.9	74.1
2014	40422.73	9991.4	30431.33	24.7	75.3
2015	49781.35	11442.06	38339.29	23	77
2016	62592.66	13344.17	49248.49	21.3	78.7
2017	76299.93	15255.79	61044.14	20	80
2018	89874.16	15989.73	73884.43	17.8	82.2

资料来源：1978~2018 年《中国财政年鉴》。

改革开放之初，中央与地方之间财力与事权基本均衡。就财政支出而言，两者相差 5 个百分点左右。到了 1994 年分税制改革，支出责任下移到地方政府，当年中央财政支出 30.3%，地方支出 69.7%，相差 39.4 个百分点。到了 2018 年，该下移趋势更为惊人，当年中央政府财政支出 17.8%，而地方政府支出比例为 82.2%，相差 64.4 个百分点。

地方政府和中央政府之间财力与事权的严重扭曲导致了我国政府间纵向

财力的严重失衡，加之均等化的转移支付制度又未能及时建立，严重地影响了地方政府的运行。一个惊人的现实是，我国地方政府没有像国外地方政府宣布破产。这其中，预算外收入和政府债务支撑着中国地方政府的运行（见表 7-3）。

表 7-3　　　　　　　　　　中国政府间预算外收入分配格局

年份	收入分配（亿元）			比重（%）	
	全国	中央	地方	中央	地方
1986	1737.31	716.63	1020.68	41.2	58.8
1988	3243.3	1381.1	1862.2	42.6	57.4
1999	3854.92	1707.73	2147.19	44.3	55.7
2002	1432.54	245.9	1186.64	17.2	82.8
2003	1862.53	283.32	1579.21	15.2	84.8
2004	2406.5	317.57	2088.93	13.2	86.8
2005	3893.34	947.66	2945.68	24.3	75.7
2006	2826	145.08	2680.92	5.1	94.9
2007	3082.29	164.15	2918.14	5.3	94.7
2008	3385.17	230.45	3154.72	6.8	93.2
2009	3826.43	247.63	3578.79	6.5	93.5
2010	4300	347	3953	8.1	91.9
2011	4479	440	4039	9.8	90.2
2012	4566.8	379.37	4187.43	8.3	91.7
2013	4699.18	350.69	4348.49	7.5	92.5
2014	5544.16	402.58	5141.58	7.3	92.7
2015	6407.88	467.11	5940.77	7.3	92.7
2016	6820.32	530.37	6289.95	7.8	92.2
2017	6617.25	492.09	6125.16	7.4	92.6
2018	6414.65	352.01	6062.64	5.5	94.5

资料来源：1986~2018 年《中国财政年鉴》。

一个强大的地方政府等于一个庞大的预算外收入规模。1986 年中央与地方预算外收入规模之比为 41∶59，分税制之后，该比例迅速逆转。1997 年两者之比为 5∶95。到了 2018 年，两者之比为 5.5∶94.5。一个合理的解释是，中央政府默许地方政府通过预算外的方式获得财政资金，以换取其对中央政府改革的支持。

根据预算法的规定，我国地方政府没有发债权，但是地方政府收支扭曲的现状导致了地方政府注定是债台高筑，只不过都转移到了中央政府的债务总额中。鉴于资料的限制，本书给出我国政府财政的财务负担情况，从中可以管窥政府财力的紧张程度。政府债务率多年来都在25%以上高位运行，其风险不言而喻，详情见表7-4。

表7-4		中国政府债务情况	单位:%
年份	偿债率	负债率	债务率
1978	2.7	5.2	56.0
1999	10.2	13.9	96.5
2002	9.1	17.1	78.0
2003	7.6	15.2	72.4
2004	6.0	14.2	67.7
2005	7.3	14.5	63.2
2006	10.9	15.2	70.0
2007	11.3	15.3	68.7
2008	9.2	13.5	52.1
2009	7.5	15.3	67.9
2010	7.9	13.9	55.5
2011	6.9	13.4	45.2
2012	3.2	13.6	40.2
2013	3.1	13.2	35.4
2014	2.1	12.7	31.9
2015	2.0	11.5	29.0
2016	1.8	8.6	24.7
2017	2.9	8.7	32.2
2018	1.6	9.3	29.3

资料来源：1978~2018年《中国财政年鉴》。

二、财力在区域间的配置差距

区域财力均等化程度估算，本书分为区域人均财政收支变异系数和区域间人均财政收支锡尔指数两个层面来计算。变异系数前文已有介绍，锡尔指数（Theil index）作为衡量个人之间或者地区间收入差距的重要指标，已被广泛使用。用锡尔熵指数来衡量不平等的一个最大优点是，它可以衡量组内差距和组间差距对总差距的贡献。

本书在控制人口变量的基础上，用锡尔指数来考量1994～2016年区域财力均等化水平。此处，锡尔指数计算公式为：$T = \sum_{i=1}^{n} \frac{n_i}{N} \times \log\left(\frac{n_i}{N} \Big/ \frac{p_i}{P}\right)$。其中，$T$为锡尔指数，$i$为选取的样本单位，$n$，$p$为样本单位的数值，$N$，$P$为总体数值。可以将其分解为两部分：区域间和区域内。分解的结果是：$T_{总体} = T_{区域间} + T_{区域内}$。

（一）财政收入差距及其度量

我国东中西部及民族地区的人均财政收入情况，见表7－5。

表7－5　　　　　　　中国区域间人均财政收入及变异系数　　　　单位：元

年份	东部	中部	西部	民族地区	变异系数
2003	453.96	176.04	235.03	281.87	0.3613
2004	330.07	121.74	135.30	148.08	0.4623
2005	434.59	160.63	166.19	184.85	0.4848
2006	538.94	199.68	207.85	228.19	0.4835
2007	622.42	226.25	235.79	258.39	0.4943
2008	719.79	253.82	269.11	297.02	0.5038
2009	809.78	274.08	290.33	318.89	0.5286
2010	931.03	292.18	315.26	344.21	0.5661
2011	1148.08	323.61	361.54	388.44	0.6175
2012	1262.23	349.69	395.16	421.59	0.6243
2013	1456.72	396.98	452.84	471.48	0.6349
2014	1712.66	492.08	540.77	568.37	0.6171
2015	2152.70	616.59	687.60	717.58	0.6146
2016	2581.49	798.52	846.15	865.65	0.5938
2017	3306.74	965.64	1125.52	1119.38	0.5957
2018	3924.70	1176.66	1413.07	1401.80	0.5696

资料来源：2003～2018年《中国财政年鉴》。

从表 7 - 5 可以看出，我国区域人均财政收入差距惊人。2003 年东部地区人均财政收入分别为中部地区、西部地区、民族地区的 2.58 倍、1.93 倍、1.61 倍，到了 2018 年三者的比为：3.33 倍、2.77 倍、2.80 倍。变异系数虽然在 2018 年有所回落，但整体上升趋势明显。2003 年各地区人均财政收入相对差异系数为 36.13%。2018 年各地区人均财政收入相对差异系数为 56.96%。

进一步计算人均财政收入区域内、区域间的差距，见表 7 - 6。

表 7 - 6　　　　人均财政收入域内、域间差异对整体差异贡献率　　　单位:%

年份	东部	中部	西部	区域内	区域间
2003	40.12	2.41	5.12	47.65	52.35
2004	39.05	2.38	5.74	47.17	52.83
2005	38.57	1.41	6.02	46.00	54.00
2006	37.99	1.10	5.52	44.61	55.39
2007	36.54	1.28	4.21	42.03	57.97
2008	35.01	1.51	3.05	39.57	60.43
2009	31.2	1.05	2.44	34.69	65.31
2010	28.59	1.14	2.81	32.54	67.46
2011	29.35	1.17	2.68	33.20	66.80
2012	30.11	1.33	3.71	35.15	64.85
2013	30.8	1.88	4.05	36.73	63.27
2014	31.64	2.51	4.71	38.86	61.14
2015	30.52	4.66	5.5	40.68	59.32
2016	31.30	3.01	5.47	39.78	60.22
2017	32.40	2.77	6.83	42.00	58.00
2018	33.71	2.80	8.97	45.48	54.52

资料来源：2003～2018 年《中国财政年鉴》。

从表 7 - 6 可以看出，2003～2018 年区域人均财政收入总体锡尔指数的均值为 0.0974，区域财力总体非均等化水平较高。所统计的 16 年总体差异系数出现先上升后下降的趋势，2010 年达到最高值 0.0982，之后差异逐年缩小，但是财力分配差异没有明显收敛。

（二）财政支出差距及其度量

财政收入差距不一定对应着财政支出差异。财政支出最能体现当地居民的福利状况，根据基本公共服务均等化的理解，不同地域的居民应该具有基本财政支出的权利。我们比较区域间人均财政支出及其变异系数情况，见表7-7。

表7-7   我国区域间人均财政收入及变异系数   单位：元

年份	东部	中部	西部	民族地区	变异系数
2003	424.01	185.18	279.94	353.25	0.2850
2004	510.18	215.24	305.49	377.61	0.3063
2005	633.66	262.4	351.86	433.38	0.3264
2006	753.89	321.16	407.34	497.46	0.3272
2007	866.14	358.2	458.94	550.79	0.3406
2008	995.99	414.06	528.98	628.09	0.3398
2009	1165.35	483.33	614.95	726.08	0.3427
2010	1297.55	542.01	731.29	828.01	0.3275
2011	1596.55	668.85	955.94	1094.36	0.3114
2012	1820.73	777.00	1131.37	1292.19	0.2994
2013	2099.06	863.68	1199.33	1370.53	0.3266
2014	2486.70	1046.4	1398.76	1564.05	0.3276
2015	3004.13	1283.98	1724.03	1937.90	0.3182
2016	3502.41	1652.16	2108.91	2300.31	0.2859
2017	4316.99	2071.11	2713.66	2945.37	0.2719
2018	5265.06	2637.05	3769.53	3866.00	0.2400

资料来源：2003~2018年《中国财政年鉴》。

从表7-7可以看出，我国区域人均财政支出的差距远没有财政收入差距那么惊人，变异系数也在30%左右，且下降趋势明显。2018年东部地区人均财政收入是中部、西部、民族地区的3.33倍、2.77倍、2.80倍，但人均财政支出却只有1.99倍、1.39倍、1.36倍。特别是民族地区没有因为其初次财力差距导致人均财政支出的过分低落，这主要是中央政府转移支付的功效。

进一步计算人均财政支出区域内、区域间的差距，见表7-8。

表7-8 人均财政支出域内、域间差异既对整体差异贡献率 单位:%

年份	东部	中部	西部	区域内	区域间
2003	40.94	2.54	16.87	60.35	39.65
2004	40.76	2.66	17.65	61.07	38.93
2005	40.10	2.10	16.08	58.28	41.72
2006	40.41	1.72	16.88	59.01	40.99
2007	41.02	2.30	15.24	58.56	41.44
2008	42.53	1.89	14.81	59.23	40.77
2009	44.6	1.64	13.05	59.29	40.71
2010	40.11	4.01	15.03	59.15	40.85
2011	42.87	2.38	16.45	61.70	38.30
2012	41.47	2.97	15.81	60.25	39.75
2013	45.06	3.38	14.01	58.86	41.14
2014	47.03	3.71	14.50	63.27	36.73
2015	48.84	5.41	16.70	69.14	30.86
2016	52.33	3.23	17.09	69.16	30.84
2017	58.04	2.77	18.21	73.31	26.69
2018	53.08	3.74	20.03	81.81	18.19

资料来源:2003~2018年《中国财政年鉴》。

从表7-8可以看出，2000年分税制财政体制改革后，各地区间人均财政支出差距有所扩大。从贡献情况看，东部地区作用最大。东部地区的差异贡献率历年均处于高位，且所占比重逐年增加，到2014年就已超过52%；西部地区的差异贡献率次之，2013年之前均在15%左右浮动，2015年之后接近20%；中部差异贡献率较小。这也表明区域间和东西部地区内部的财力不均等。

三、结论

1. 我国地区间财政能力差距十分明显，尤其是东部地区人均财政收支高于中西部太多，尽管差异程度渐趋缓和，但当前的差距程度严重影响了区域协调发展。

2. 人均财政支出相对差距较人均财政收入相对差距大大缩小，说明了财政转移支付对区域财力均等化具有正向调节作用。当然，如果考虑征税努力程度和支出成本的差异，各地区财政能力差距可能大得多。

3. 转移支付的区域均衡效应呈现出分化性特征。对东部地区表现为正效应；对中部地区表现为负效应，对西部地区财力不均等效应是先负后正。

第四节　基本财力均等的模型及框架重构

一、财政均等化模式比较与选择

目前主要有两种财力均等化模型，即水平公平均等化（HEE）与财政能力均等化（FCE）。

水平公平均等化指无论个人居住在哪个地区，都应获得政府提供同等水平的公共服务。该模式认为，为了不致影响地方财政积极性和独立性，财政均等应建立在最基本的横向均衡水平上，目的是每一个处于平等地位的人都得到"平等的财政对待"。中央或联邦政府的转移支付不是为了使各州拥有均等的财政能力，而是使独立的居民个人能够得到相同的净财政剩余。

财政能力均等化指在同等的财政努力条件下，由于税基的差异导致各地财政剩余的差异应该得到不同渠道的补助，也就是说同级政府应该具有同等的基本财政能力。政府间的水平财政差距不可避免，贫困地区向富裕地区寻求转移支付也是自然。

两种财力均等化模型的区别：（1）HEE 致力于"个人间的均等"，而FCE 提倡的是"地区间的均等"。HEE 强调无论居民居住在哪个地区，都可以享受到大致相同的公共服务；而 FCE 下的均等化制度主要是富裕和贫困地区财政平衡工具。（2）HEE 是突出个人主义的，强调通过政府调节实现个人权力；而 FCE 超越了个人主义的限制，不仅仅对个人之间的差异进行调整，而是致力于解决政府间的垂直和水平财政差距。

通过上述比较，可以发现，FCE 模式超过 HEE 模式成为中国财政均等化的现实选择。因为，中国虽然采用的是单一制的政权结构，但政府间财政关系安排具有明显的联邦制特征。同时，我国又长期面临着幅员辽阔、人口众多、资源相对贫乏、人均收入水平较低、地区差异显著等现实条件。因此，采用 FCE 模式显然有利于向各地政府提供足够的资金，进而确保贫困人口也能从国家最低标准的公共服务中受益。

二、FCE 模式的功能及其衡量指标

基于地区财力均衡的 FCE 模式的功能主要体现在如下几个方面：

第一，弥补地方政府财政缺口。地方政府由于税收能力的差异，运行过程中存在财力与事权不匹配的问题，其基本财政支出权利必须得到保障，缺口部分必须得到弥补。

第二，纠正源于地区间财政能力差异而引发的财力不均和财政效率低下问题。富裕地区可以在保持较低税率水平的同时提高公共服务的水平，形成富裕地区的居民享受的净财政收益高于贫困地区居民的不均衡问题，从而形成鼓励人才等经济要素流向富裕地区的机制，进一步扩大地区差距。

第三，对福利外溢进行补偿。当某一地区的公共服务对其他地区产生福利外溢时，该地区政府提供适当水平公共服务的积极性就会受到影响。

第四，保障基本公共服务均等化的实现。发达国家在基本公共服务均等化的过程中普遍实行明确的财政分权制度，并上升到法律层面，做到财政收入权力与财政支出责任相对等，保障基本公共服务的有效充分供给。

FCE 的构成体系及其指标：

1. 运行能力，反映地方财政能力在固定条件下的基本状况，是衡量地方财政能力的基点与核心。其主要影响因素有：财政收支及平衡状况，相关指标有财政收支总量、人均总量、财政收支占 GDP 比重及预算执行情况、历年财政节余或赤字。

2. 竞争能力，动态地研究地方政府财政能力的变化，从而可观察到其潜在能力如何及未来发展的趋势。主要因素有：财政收支增长速度、财政收支结构、财政收支效益。

3. 调控能力，主要体现地方政府对当地财政收支调控能力，即从市场监督角度观察地方财政能力变化。主要影响因素有：调控手段、调控政策、融资渠道与金额。

三、基于 FCE 视角下的基本财力横向均等程度评估框架

FCE 视角下的基本财力横向均等其实就是为实现各地基本财政能力均等进而实现横向财政转移支付的制度。

本书计算横向财政转移支付的基本原理为：基本财力剩余＝标准财政能力－基本财政需求。如果数值为正，表示必须转出该数量的财政资金；如果数值为负，表示必须得到该数量的财政资金补偿。

（一）标准财政能力的衡量

标准财政能力与基本财政需求是两大设计主线，有的国家只考虑财政能力，有的国家只考虑财政支出需要，有的国家则同时考虑财政能力与支出需要。目前，衡量标准财政能力的方法主要有以下几种：

1. 财政收入。当前或前期的地方财政收入是一个简单的财政能力衡量指标，但并不优良。拥有相同财政收入的辖区不一定拥有相同的财政能力，拥有相同财政能力的辖区也不一定产生相同的政府财政收入。因为这其中还有诸如税收努力、财政竞争等因素。

2. 人均收入。任何国家的居民收入都是地方财政收入的主要来源之一，所以该指标也是国际上最常用的指标之一。尽管该指标具有简单与可获得的优点，但它不能代表辖区所有的税源，尤其是以流转税为主体的税收制度下，不能准确反映征税能力的变化。

3. 地区总产值。该指标更为全面地反映了一个地区的经济实力，不但包含纯收入也包含中间投入品等。一般认为其能克服人均收入指标的局限性，但是，严格地说仍不够准确。因为同样的地区总产值对应不同的税收潜力，而地区总产值的构成各异，存在不含税产值。一个农业产值占比很高的地区税收能力要大打折扣。

4. 代表性税收法。代表性税收是在正常的税收努力基础上地区所能筹集的财政收入，一般步骤是：（1）确定财政收入来源；（2）进行收入分类；（3）定义标准税基；（4）计算平均税率；（5）根据上述数据估算财政能力。客观地说，代表性税收法的客观性、准确性较好，但对数据统计要求很高，计算步骤比较复杂。

（二）基本财政需求的衡量

基本财政需求一般与地方政府提供标准公共服务的必要费用相联系，目前主要有以下几种基本财政需求的衡量办法：

1. 前期支出额。用上一年的数据，或用某重要年份作基年的数据代表财政支出需要。显然，这是最简单、成本最低的衡量办法，也具有经济可承担性与避免负激励的作用。但缺点也明显，无法克服预测年份与基年间重大变化对财政需要的影响，甚至保留了原有政策的不公平。

2. 人均平等法。人均平等指均等化支出项目（如财政补贴、公共服务等）在个人间相等或基本均衡。这种方法的潜在逻辑是所有地方政府都具有同一的基本财政需要水平。该方法虽然简单并透明，但易于激励辖区分裂，不利于形成有效率的辖区规模。

3. 单项需要加权指数。它是界定了地方一揽子标准公共品的供给成本影响因素后，根据辖区指数分配支出额。一般而言，指数值主要取决于人口规模与结构、贫困率、失业率、价格水平等。比如，某一单项标准财政支出的计算公式为：某项公共服务的标准财政支出 = 该项公共服务的单位成本 × 调整系数 × 该项公共服务的单位数量。

（三）指标体系的构建

根据上文指标的选取独立性、可量化、全面性等原则，本书确立我国地方政府基本财政能力横向均等化衡量指标体系，如表 7 - 9 所示。

表 7 - 9　　　　　　　　　基本财力均等化程度评估指标体系

指标体系		内容及其调整
标准财政能力 X	X_1 人均 GDP	扣除农业产值
	X_2 其中：人均第二产业产值	扣除中央企业产值
	X_3 人均第三产业产值	扣除金融、铁道等中央直属企业
	X_4 人均可支配收入	扣除政府转移支付收入
	X_5 上一年度财政收入增长速度	扣除基金等预算外收入
	X_6 上一年度科技投入增长速度	不含科技管理费
	X_7 上一年度科技活动人员增长率	不含科技行政管理人员
	X_8 上一年度实际利用外资数额	不含合同投资额
	X_9 上一年度固定资产投资增长率	扣除非生产性固定资产投资
	X_{10} 国家级高新区个数	包含国家级经济技术开发区、经济特区、沿海开放区
	X_{11} 上一年度财产税总额	包含房产税、土地增值税、土地使用税
	X_{12} 上一年度人均消费额增长率	不含个人对公共服务的消费
	X_{13} 中等收入人群占总人口比重	中等收入水平各省不同
	X_{14} 上年度能源生产量	扣除核能发电量
	X_{15} 上一年度进出口总额	扣除免税区进出口数量
	X_{16} 高速公路里程数	包含国道

续表

指标体系		内容及其调整
基本财政需求 Y	Y₁ 国土面积	不含争议性国土面积，台湾地区暂不列入
	Y₂ 沙漠化面积占比	含盐碱地、无人
	Y₃ 国境线长度	以既定国境线为准
	Y₄ 人口集聚地平均海拔	不含各地最低地区，以省会城市为准
	Y₅ 平均年降水量	以前三年平均数为准
	Y₆ 低于零下20°气温天数	以前三年平均数为准
	Y₇ 高于35°气温天数	以前三年平均数为准
	Y₈ 人口总量	以上年年末人口数为准
	Y₉ 大于60岁人口占比	以上年年末数据为准
	Y₁₀ 育龄儿童占比	7岁以下儿童，以上年年末数为准
	Y₁₁ 少数民族人口占比	少数民族认定以民政部标准
	Y₁₂ 其中：人口较少民族人口数	以民政部标准为准
	Y₁₃ 丧失劳动能力人口占比	以民政部伤残人员标准
	Y₁₄ 农村低保人口	以社保部标准为主
	Y₁₅ 城镇低保人口	以社保部标准为主
	Y₁₆ 万人在校小学生	含公立幼儿园
	Y₁₇ 小学生师比	含公立幼儿园
	Y₁₈ 万人中学生人数	含职业高中和职业技术学校
	Y₁₉ 中学师生比	含职业高中和职业技术学校
	Y₂₀ 识字率	以人口抽查数据为准
	Y₂₁ 每万人拥有病床数	不含私立医院、不含部门系统疗养院、不含军队医院
	Y₂₂ 每万人拥有卫生技术人员数	不含私立医院、不含部门系统疗养院、不含军队医院
	Y₂₃ 村卫生室普及率	以上年年末统计数据为准
	Y₂₄ 就诊率	主要指大病就诊率
	Y₂₅ 每平方公里公路长度	以上年年末统计数据为准
	Y₂₆ 城市人均绿化面积	以上年年末统计数据为准
	Y₂₇ 自来水普及率	以上年年末统计数据为准
	Y₂₈ 垃圾处理率	以上年年末统计数据为准
	Y₂₉ 三险参与率	包括失业保险、医疗保险、养老保险，不含商业保险
	Y₃₀ 社保基金支出占财政支出比重	以上年年末统计数据为准
	Y₃₁ 生态功能区面积	以国务院最新公布数字为准
	Y₃₂ 海岸线长度	以实际控制海岸线为准
	Y₃₃ 人均住房居住面积	以上年年末统计数据为准，含农村
	Y₃₄ 国家级贫困县个数	以国务院最新公布数字为准
	Y₃₅ 文化演出团队个数	公立在编演出单位，以上年年末统计数据为准
	Y₃₆ 每万人图书馆图书册数	以上年年末统计数据为准

第五节　我国基本财力均等类横向财政转移支付的内容及运行平台

一、我国基本财力横向转移支付测算方案

横向财力转移支付德国应该是最为成功的。德国的横向财力均衡转移支付的程序为：各州政府财力的平衡，是在增值税预先平衡基础上的又一次政府财政收入再分配过程，其基本依据是增值税预先平衡以后产生的州财政收入。在经过对州人均财政支出水平的评估之后，综合考虑一个州的人口密度、财力基数以及财力需求等各方面的因素，最后按一定的档次标准定出接受平衡基金的州及应得的数额，以及自求平衡的州和付出平衡基金的州及支付数额，使得相对财力弱的州从平衡收入里获得补偿性资金，相对财力较强的州给付补偿资金。各个步骤环环相扣以实现政府财力水平的平衡，这也是德国财政平衡制度的核心环节。

借鉴德国的成功经验，本书尝试性设计我国基本财力横向转移支付的资金转移程序和标准。本程序包含四个步骤。

（一）计算各省份标准财政能力

本书的财政能力其实包含了现实的财政能力和潜在的财政能力。在计算各省份标准财政能力之前必须对计量单位各异的指标进行无量纲化处理。

为了排除由于各项指标量纲带来的数值间的悬殊差别影响，一般需要对评价指标作无量纲化处理，这样经过处理的指标才有可比性和有效性。常用的无量纲化方法有"标准化法"，其数据消除量纲的方法为：

$$X_i = \frac{(x_i - \bar{x}_i)}{s_i} \tag{7-1}$$

式（7-1）中，$\bar{x}_i$、s_i 分别为第 j 项指标观测值（样本）、平均值和（样本）均方差。显然，x_i' 的（样本）平均值和（样本）均方差分别为 0 和 1，x_i' 称为变量调整值。

指标调整之后，各个省份的财政能力指数总值 FC 为：

$$FC_j = \sum_{i=1}^{16} X_i \quad (j = 1,2,\cdots,31,\text{表示各省份情况,按照 } 31 \text{ 省份计算})$$

对任何省份而言,将表 7 – 9 中标准财政能力指标无量纲化之后相加,即得到各省份的标准财政能力总值。值越大,表示该省份财政能力越强。

(二) 计算各省份基本财政需求

计算各省份基本财政需求的办法和过程与计算标准财政能力一致,在进行无量纲化处理的基础上加总。可以得出各省份的基本财政需求指数总值 FD 为:

$$FD_j = \sum_{j=1}^{36} Y_i \quad (j = 1,2,\cdots,31,\text{表示各省份情况,按照 } 31 \text{ 省份计算})$$

对任何省份而言,根据该公式即得到各省份的基本财政需求总值。值越大,表示该省份财政压力越大,对应财政能力必须大,否则将累积财政风险。

(三) 计算各省份综合财力差异系数

在计算了各省份的标准财政能力指数和基本财政需求指数,用标准财政能力指数减去基本财政需求指数之后,可得到各省份财力差异系数 FI 为:

$$FI_j = \frac{(FC_j - FD_j)}{FD_j} \quad (j = 1,2,\cdots,31,\text{表示各省份情况,按照 } 31 \text{ 省份计算})$$

如果某个省份的综合财力差异系数大于 0,则表示其标准财力超出了基本财政需要,应该成为横向财政转移支付的转出方。如果某个省份的综合财力差异系数小于 0,则表示其标准财力低于基本财政需要,应该成为横向财政转移支付的转入方。

(四) 确定分摊基数和份额

确定各省份的进出身份之后,必须确定"出之于何处"的基数问题。本书认为,资金的转出不能影响转出地的基本公共服务水平,所以其转出不能过于伤及基本财力。同时,转出的资金应该被赋予某种流动性,或者被某种流动性引起,如增值税、个人所得税等,所以本书将增值税(地方分回的 25%)、个人所得税属于地方部分、企业所得税属于地方的部分,表示为 FB。

同时，必须明确的是，不是富裕省份将三税合计部分全部作为基数转移出去。为了不鞭打快牛，本书认为应该就其超出全国人均三税收入部分作为基数转移，否则会影响地方政府税收努力程度。将富裕省份三税人均水平高出全国人均水平的比例定为 TR_j。

财力差异系数为正的省份转移基数为 $FB_j =$（转出省份增值税地方分成 + 转出省份个人所得税地方分成 + 转出省份企业所得税分成）$\times TR_j$。

转入横向财政转移支付的省份分配份额 TPF 可以表示为：

$$TPF_j = \frac{FI_j^-}{\sum\limits_{j=1}^{3l-n} FI_j^-} \times \sum_{j=1}^{n} TPF_j^+$$

其中，j 表示省份，n 表示需要获得横向财政转移支付的省份，其不是固定数，而是取决于各省份财政经济情况的变动。等式右边表示某省份获得的横向财政转移支付取决于其财力差异系数占全国财力差异系数的比重。

二、我国基本财力横向财政转移支付的模拟方案——以 2018 年为例

按照前文的计算方法和步骤，对我国基本财力横向财政转移支付进行模拟演示。

第一步，各省份标准财政能力，如表 7-10 所示。

表 7-10　　　　　　　　我国各省份标准财政能力测算

省份	标准财政能力	省份	标准财政能力
北　京	147.45	河　南	93.05
天　津	103.43	湖　北	114.11
河　北	90.12	湖　南	104.60
山　西	86.33	广　东	142.04
内蒙古	85.01	广　西	84.22
辽　宁	98.73	海　南	98.17
吉　林	91.17	重　庆	85.12
黑龙江	93.58	四　川	84.19
上　海	166.38	贵　州	79.96

省份	标准财政能力	省份	标准财政能力
江 苏	141.30	云 南	83.54
浙 江	139.07	西 藏	55.42
安 徽	90.33	陕 西	78.12
福 建	132.76	甘 肃	70.54
江 西	97.85	青 海	73.07
山 东	121.79	宁 夏	71.70
新 疆	91.80		

第二步，各省份基本财政需求，如表 7 - 11 所示。

表 7 - 11　　　　　　　　　我国各省基本财政需求测算

省份	财政需求	省份	财政需求
北 京	126.71	河 南	96.19
天 津	95.03	湖 北	101.22
河 北	93.55	湖 南	95.81
山 西	87.02	广 东	125.55
内蒙古	88.19	广 西	98.78
辽 宁	90.84	海 南	86.42
吉 林	89.04	重 庆	97.84
黑龙江	91.11	四 川	107.56
上 海	129.06	贵 州	98.77
江 苏	125.70	云 南	100.82
浙 江	125.88	西 藏	112.79
安 徽	91.06	陕 西	90.43
福 建	120.72	甘 肃	83.91
江 西	95.81	青 海	87.90
山 东	105.86	宁 夏	86.90
新 疆	119.63		

第三步，计算各省份综合财力差异系数，如表 7 - 12 所示。

表 7-12   我国各省份综合财力差异系数测算

省份	财力差异系数	省份	财力差异系数
北 京	0.164	河 南	-0.033
天 津	0.088	湖 北	0.087
河 北	-0.037	湖 南	0.072
山 西	-0.008	广 东	0.231
内蒙古	-0.036	广 西	-0.147
辽 宁	0.087	海 南	0.096
吉 林	0.024	重 庆	-0.130
黑龙江	0.027	四 川	-0.217
上 海	0.189	贵 州	-0.190
江 苏	0.124	云 南	-0.171
浙 江	0.105	西 藏	-0.509
安 徽	-0.008	陕 西	-0.136
福 建	0.100	甘 肃	-0.159
江 西	0.021	青 海	-0.169
山 东	0.150	宁 夏	-0.175
新 疆	-0.233		

从表 7-10～表 7-12 可知,北京、天津、江苏、上海、广东、山东、湖北、湖南、江西、辽宁、吉林、黑龙江、海南等 15 个省份为横向财政转移支付的资金转出方,新疆、西藏、内蒙古、青海、宁夏、贵州等 16 省份为横向财政转移支付的资金转入方。

第四步,确定分摊基数和份额。

(1) 分摊基数,如表 7-13 所示。

表 7-13   横向财政转移支付转出基数匡算   单位:亿元

省份	增值税	企业所得税	个人所得税	人均超出比例	差异系数	转出资金
北 京	318.55	1126.04	215.92	0.202	0.164	55.03661
天 津	341.775	192.20	42.96	0.094	0.088	4.777483
辽 宁	187.40	116.80	42.96	0.049	0.087	1.479943
吉 林	98.80	65.00	23.36	0.034	0.024	0.153172
黑龙江	132.575	82.32	25.04	0.041	0.027	0.264312
上 海	862.725	626.92	261.20	0.179	0.189	59.13356

续表

省份	增值税	企业所得税	个人所得税	人均超出比例	差异系数	转出资金
江 苏	817.175	540.84	180.92	0.104	0.124	19.82702
浙 江	413.025	283.00	116.68	0.094	0.105	8.038465
福 建	150.00	119.56	41.80	0.087	0.100	2.718173
江 西	119.00	62.04	20.24	0.021	0.021	0.090455
山 东	448.125	238.24	62.32	0.093	0.150	10.41046
湖 南	129.075	60.96	36.016	0.032	0.072	0.512684
海 南	36.40	27.68	8.04	0.056	0.096	0.386332
广 东	818.875	475	175.56	0.137	0.151	30.3982
湖 北	154.95	122.2	34.40	0.046	0.087	1.257665
合 计						194.4845

（2）分摊份额，如表 7-14 所示。

表 7-14 　　　　　横向财政转移支付转入分摊匡算　　　　　单位：亿元

省份	总基数	占比	转入资金
河 北	194.48	0.0057	1.107
山 西	194.48	0.0034	0.660
内蒙古	194.48	0.0153	2.969
安 徽	194.48	0.0034	0.660
新 疆	194.48	0.0988	19.217
河 南	194.48	0.0140	2.722
广 西	194.48	0.0623	12.124
重 庆	194.48	0.0551	10.722
四 川	194.48	0.0920	17.897
贵 州	194.48	0.0806	15.671
云 南	194.48	0.0725	14.104
西 藏	194.48	0.2159	41.981
陕 西	194.48	0.0577	11.217
甘 肃	194.48	0.0674	13.114
青 海	194.48	0.0717	13.939
宁 夏	194.48	0.0742	14.433
合 计	194.48	1.0000	194.48

总 结 及 建 议

东西部财政能力差距是由经济基础、财政体制、地理区位和政策环境等多种因素，在长期的历史沿革过程中形成的。因此，在短期内迅速消除区域间财力差距很不现实。上文讨论的基本财力类横向财政转移支付也只能解决一部分财力均等问题。从长远看，应该在发展经济的基础上，完善分配制度才是根本的出路。

就财政制度改革而言，当前效应空间最大的莫过于财政转移支付制度的改革，普遍认为，应在完善法制环境的基础上形成纵横交织的均等化财政转移支付体系。

横向转移支付从均等化效应的作用而言，应该是从属于纵向财政转移支付的。因此，利用横向财政转移支付进行财力横向转移支付必须注意以下几点：

1. 理顺纵向财政转移支付。横向财力均等转移支付必须依靠中央与地方的纵向转移支付的第一次调节，横向财政转移支付只是补充和辅助。如果纵向财政转移支付尚不完善，强行实施横向财政转移支付则是"乱上加乱"。

2. 建立强大的财政基础数据库。上述计算可以看出，没有强大的财政经济数据支撑，其无法运行该系统。当前，我国统计系统数据质量尚低，如果以不完备的数据进行横向均等的依据，难免"错上加错"。

第八章　区域共同开发类横向财政转移支付

第一节　区域非均衡发展及区域开发

1949 年之后，由于政治、经济和国际环境等原因，中国区域经济差距很大。伴随着经济重心的沿海化趋势，中、西部与东部的差距越拉越大。中国的区域经济从非均衡投入开始，在很短时期内就实现了非均衡发展。

21 世纪以来，中央政府十分重视区域协调发展，也采取了令人瞩目的措施，如积极推进西部大开发，振兴东北工业基地，促进中部地区崛起等。《中共中央关于制定国民经济和社会发展第十一个五年规划的建议》中进一步强调健全区域协调互动机制，致力于促进区域协调发展。近年来，国家还相继制定出台了一系列区域性政策措施和规划，进一步细化和实施了区域协调发展战略。

基于此，本章将从区域协调发展视角，在梳理我国区域开发历史及其形式等的基础上，搭建有中国特色的区域开发类横向财政转移支付的内容体系和运行平台。

一、区域非均衡发展及其理论演化

区域经济差异一直是区域经济学研究的核心问题之一，也是世界各国经济发展过程中的一个普遍性问题。一个多世纪来，世界区域经济的主导理论无非是在均衡发展与非均衡发展之间相互转换。

区域均衡发展理论主要认为经济是有比例相互制约和支持发展的。根据该理论，市场机制是一只"看不见的手"，只要在完全市场竞争条件下，价格机制和竞争机制会促使社会资源的最优配置。该理论认为，在市场经济条件下，资本、劳动力与技术等生产要素的自由流动，将导致区域发展的均衡。

但是，必须看到，这一理论是建立在一系列严格假设条件之上的。这些假设条件包括：（1）生产中有资本和劳动力两种要素，并且可以相互替代；（2）完全的市场竞争模型；（3）生产要素可以自由流动，并且是无成本的；（4）区域规模报酬不变和技术条件一定。

（一）区域均衡发展代表性理论

经过长时间的发展，区域均衡发展形成如下代表性理论：

1. 赖宾斯坦的临界最小努力命题论。该理论主张发展中国家应努力使经济达到一定水平，以冲破低水平锁定状态。不发达经济中，如果经济发展的努力没有达到一定程度，就不能克服起飞障碍，也就无法冲破低水平均衡状态，就必须在一定时期受到大于临界最小规模的增长刺激。

2. 罗丹的大推进理论。该理论主张发展中国家以一定的速度和规模持续投资，只有这样推进才能冲破其发展的瓶颈。如果没有达到刺激经济发展的投资"门槛"，就只能产生资本低效的"沉没效应"。不可否定，该理论在发展中国家很有市场，尤其是 20 世纪 80 年代之后。

3. 纳尔森的低水平陷阱理论。该理论解释了发展中国家存在低水平收入反复循环的经济现象和规律。他认为，不发达经济的发展最大障碍就是人均收入处于糊口或维持生命的低水平均衡点，很难进行大规模的投资和资本深化。即便是经济发展国民收入提高，但往往被人口高速增长抵消，从而人均收入又回到低水平状态中，这是欠发达地区难以逾越的陷阱。要走出低水平恶性循环的陷阱，就必须努力使人均收入增长率高于人口增长率的增长速度。

均衡发展理论的缺陷之一在于忽略了一个基本的事实，即对不发达区域来说，不可能具备实现经济均衡发展的必须资本，在经济发展初期如果片面追求均衡将失去效率和机遇。而且均衡发展理论忽略了技术进步因素，这将在区域协调发展进程中发挥巨大作用。所有这一切，都与现实相去甚远。

因此，区域均衡发展理论因其过于从理性观念出发，与发展中国家的客观现实距离太大，无法解释现实的经济增长过程，无法为区域发展问题找到出路。而非均衡发展理论对发展中国家更有合理性和现实指导意义，使得该理论与均衡发展理论经常被引用或借鉴于区域开发与规划，作为区域经济发展战略选择的理论基础。

区域均衡发展理论显然过于理性，从理想主义出发采用了假定技术不变的静态分析方法，因其过分简单化而与发展中国家的客观事实距离太大，无法为发展中国家的区域发展问题找到根本性的出路。而这使得在经济发展的初级阶段，非均衡发展理论对发展中国家更有合理性和现实指导意义。

（二）区域非均衡发展代表性理论

区域非均衡发展理论的主要代表有：

1. 佩鲁的增长极理论。该理论以部门分工所决定的产业联系为基础，认为增长并非同时出现在各经济部门，往往是首先出现在一些增长部门，然后通过不同渠道向外扩散，并对整个经济产生终极影响。这个时候技术扩散、技术创新尤为重要。显然，该理论主导产业对其他相关产业的带动效应，鼓励发展中国家培植和发展那些有生命力的主导产业。

2. 弗里德曼的中心—外围理论。该理论将经济系统空间结构划分为中心和外围两部分，其中中心区发展条件往往较优越，处于支配地位，而外围区发展条件较差，处于被支配地位。因此，经济发展必然伴随着各生产要素从外围区向中心区的净转移。在经济发展初始阶段，二元结构十分明显，随着中心区的发展成熟，慢慢向外围区转移。

3. 威廉姆逊的倒 U 形理论。威廉姆逊通过实证分析指出，无论是截面分析还是时间序列分析，结果都表明，发展阶段与区域差异之间存在着倒 U 形关系。其实这就是把库兹涅茨的收入分配倒 U 形假说应用到区域经济方面。

二、区域开发

区域非协调发展，不利于经济的可持续发展。人为抑制发达地区发展是不明智或者愚蠢的，加快落后地区的区域发展进程则是最有效的选择，而区域开发是区域发展进程中的必经阶段和有效措施。

区域开发指人类社会主体的"人为"生产力在地域空间的拓展作用过程，一般指对具有某种或某几种资源的区域进行的开发及在这个基础上的经济发展，区域开发的目的，一是缩小区域间发展的差距；二是以此为基础促进国土的整体均衡性发展，最终提高国家整体经济水平。属于区域发展早期阶段的过程。

从世界主要地区的区域开发看，区域开发的发展由低级到高级形态经历了如下几个阶段：

（1）资源开发阶段。其特点是开发活动以资源为核心而展开，自然资源和劳动力是区域开发活动的关键因素。在农业其主要指向是土地资源；在工业其主要指向是矿产资源。

（2）产业开发阶段。其特征是以资本为核心展开，农业产业化和资金密集型重化工业成为区域开发的主要内容，第三产业就业人口和产值比重占很大比重。尽管资源仍然是决定区域开发进程的一个重要因素，但资本和市场日渐成为左右区域开发质量的决定性因素。

（3）高科技开发阶段。这是后工业化社会和知识经济时代区域开发的主要开发模式，目前很多发展中国家尚未进入此阶段。其重要特征是以科技创新为动力来促进区域开发活动。

区域开发与区域发展的区别：

1. 区域开发所涉及的对象和过程，是物质的、有形的，因而是具体的，其结果是产量和产值的增加、技术的进步等。区域发展除了这些内容外，还包括区域内社会和经济及产业总量的增长，人口素质和文化水平的提高等。

2. 区域开发主要限于工业化初期及中期的经济活动，相比之下区域发展主要是发生在工业化高级阶段和后工业化阶段的经济活动。区域开发是区域发展的基础和前提，两者在层次上有所区别。

3. 区域开发主要体现为由一种状态，从无到有的过程，其效果以"突变"为主；而区域发展强调的是渐进的过程。区域开发主要局限于区域内部，而区域发展除此之外还涉及区际问题，从这个角度看区域发展包涵区域开发。

三、区域合作

区域开发过程是个漫长而艰巨的过程。在这一过程中，必须有效实施区域合作才能完成区域开发、区域协调发展的任务，才能实现共赢的局面。

区域合作能为经济区域提供统一的市场标准和规则体系，创造一体化的市场环境。区域经济一体化需要形成统一的市场，并突破行政壁垒，使得资本、技术、人才等要素能在区域内自由流通。在区域合作模式中，一体化区域内的地方政府通过沟通、协调、谈判等方式，减少条块分割的管理体制所造成的市场分割的负面效应。

区域分工是一种普遍的经济现象，而合作是分工的孪生兄弟，存在分工必然存在合作，而竞争又伴随着分工和合作，区域分工、合作与竞争是区际经济关系的重要有机组成部分。区域分工、竞争与区域协调发展并行不悖，区域合作必须是以分工、合作和良性竞争为基础。

第二次世界大战以来，不断拓展地经济全球化正在深刻地改变着世界的竞争格局。逐步深化的市场化改革也有力地推动了我国区域经济一体化的进程。统筹区域发展，加强区域合作，已经成为推进我国经济社会发展的战略，也成为增强区域可持续发展能力的必然选择。

在改革开放初期，我国确立优先发展东部地区的发展战略，通过一系列政策和资金扶持，使东部沿海城市经济迅猛发展。但是，由于发展的重点都放在东部发展之上，导致西部地区发展相对缓慢，造成我国经济发展的严重失衡。20世纪90年代末以来，党中央、国务院对于区域经济的协调发展给予了高度重视，相继制定了一系列的关于区域经济协作发展的战略和政策。为促进区域经济均衡发展，国家开始强调"先富带动后富"的政策，先后提出"西部大开发""振兴东北老工业基地""中部崛起"等发展战略，使东部发达地区和西部欠发达地区结成队伍，进行对口扶持、对口支援型合作，呈现出一种新的区域经济发展的格局。

第二节　区域开发经验及我国区域开发历史

一、区域开发经验

（一）美国的西进运动

美国区域开发的典范就是其西进运动。美国的西进运动是在自由市场经济和领土扩张的背景下进行的，其结果是完成了美国东西部地区之间政治经济的一体化。所以说，没有西进运动，也就没有今天的美国。

美国在西进运动的过程中，十分注重发挥市场机制的作用。其政府在整个西进运动中主要成绩是制定了一系列土地政策、基础设施政策、环境保护政策等，以实现对西部经济发展的引导。总之，美国政府对西部开发事务的介入，不仅涉及有关政策的制定和特属政府部门的建立，而且涉及政府对西部开发资金的投入和收入所得的再分配。

（二）德国的区域开发政策

德国区域政策的主要目标有三个：一是增长目标。通过生产要素在空间范围内的最佳配置，实现国民经济的最大增长。根据这一目标，生产要素必须配置给那些边际效益最大的领域。二是均衡目标。其目的是缩小区域收入和福利方面的差距，尤其是各地区都拥有大致相同的基本公共服务。三是稳定目标。德国政府的着眼点是促进各地区产业结构平稳发展，同时服务于国家宏观经济的稳定和协调。

（三）日本的区域开发法规

日本的区域开发，是从战争废墟中的国土复兴开始的。其区域开发内容主要是制定了国土规划的基本方针——《国土综合开发法》，推进了区域开发及规划。在日本，对区域开发进行规划并实施时，首先要制定相关的法律框架，以明确所制定规划的法律依据及编制目的，从而有效地推进开发项目的实施。

日本的都道府县等地方政府将这一规划作为上一级的指导性规划，在明确了本地区的未来发展方向及发展目标的基础上，可以制定相应的开发政策，报经上级政府核准之后，再制定出综合性地方规划。在该实施规划的执行过程中，一般的做法是制定出个别项目的相关规划性文本，在建立了法律依据的基础上开始严格实施各项开发项目。

二、我国区域开发历史

我国的区域开发一开始就是与区域扶贫、区域合作、区域帮扶等专门目的相联系的。从这个角度看，我国的区域开发也可以称之为区域合作开发。

回顾我国区域开发工作的历程，可以划分为三大阶段：一是从 1949～1978 年，基本采取传统的社会救济性的区域开发战略，如支边、援疆、援藏、三线建设等；二是 1978～20 世纪 90 年代初期，主要通过经济体制改革推动区域经济协作，如东西经济联合、珠三角经济一体化等；三是 20 世纪 90 年代中期以后，全国范围内开始了有计划、有组织、大规模的区域开发，如西部大开发、东北经济圈、中部崛起等。

60 多年的区域开发实践，对于促进区域协调发展、民族团结等方面起到了显著的促进作用。但也存在如下不足：

1. 区域合作开发政府间的行为偏好可能不一致，甚至发生抵触和冲突。区域开发战略实施往往是发达地区政府主导，而贫困地区参与但是缺乏最终决定权，其实施流程基本上是传统的"计划经济"产物。

2. 区域开发战略过高估计了经济增长的作用，而忽视了社会救济性区域开发的功能和作用。所以，虽然区域开发战略有助于 GDP 增长，但对贫困具有更持久影响的"人类贫困"如教育、卫生、医疗保健等未给予足够重视。

3. 区域开发政策措施的实施上，注重数量和速度，对区域开发质量关注不够。区域开发的重点始终放在增加贫困地区的短期国民收入方面，而对提高落后地区稳定的创收能力重视不够，如科技推广、农业基础设施建设等方面的投入和支持力度相对较弱，即重视"输血"而忽视"造血"。

4. 财政税收优惠政策难以落实。为了顺利实施我国区域开发战略，促进落后地区经济快速增长，国务院颁布了一系列税收优惠政策。但是，这些政策基本上和东部发达地区的优惠政策完全相同，根本没有考虑东、西部地区的异质性，而且转移支付并没有真正能促进缩小区域发展差距。我国现行的转移支付以税收返还方式为主，其结果是导致税收基数大的发达地区获得的税收返还多，而税收基数小的西部落后地区获得的税收返还较少，减弱了转移支付对缩小区域发展差距的作用。

5. 政府间合作互动可持续性不足。地方政府对东西互动的积极性显然不足。发达地区一些地方政府认为区域合作就是经济资源和财富的流失，会影响本地的经济发展，因而推动力度不够；而西部一些地方政府缺乏掌握市场经济规律的意识和能力，还存在着地方保护、市场封闭等倾向，不利于生产要素的跨区域合理流动。少数东部地区甚至借国家鼓励产业西移之机把资源利用水平低、污染严重、技术水平落后的产品和工艺转移到西部地区。

另外，政府区域合作开发资金的分配和管理使用没有建立严格的、透明的监管制度，致使扶贫资源易被挪作他用，并且扶贫资源的利用效率低下。

第三节　有中国特色的区域共同开发类横向
财政转移支付内容体系

一、区域落后的原因挖掘

中国的区域差距问题的症结在于分析那些落后地区之所以落后的原因，才是解决问题的关键和希望。具体说来，我国落后地区无外乎以下几个原因：

1. 人力资本积累不足，自我发展能力欠缺。长期以来，我国基本公共服务区域之间的巨大差距，落后地区特别是贫困地区的基本公共服务发展十分滞后，教育、卫生等基本公共服务在质和量上都存在严重不足，并由此形成人力资本不足引致的恶性循环。

2. 经济资本不足。分权制财政体制下，各个地方政府不断增加贫困地区基础设施建设的投资力度。但由于历史欠账较多，贫困地区基础设施供给能力远低于全国平均水平，不能满足当地经济发展的需求，特别是经济开发的零界值资本尚难满足。

3. 自然环境恶劣。目前，我国的贫困地区大部分都分布在山区、丘陵区和高原区，生产生活条件十分恶劣且自然灾害频发。这些地区开发环境的恶化必然带来开发成本的高昂，影响了投资者的收益预期。在国土开发尚未进入最后饱和状态时，其吸引力很难提高，外来资本也很少眷顾。

4. 产业竞争力较低。目前，国内贫困地区缺乏发展市场经济的外在环境和内在因素，当地工业企业一般只是具备对部分资源进行加工的能力，而增值幅度较大的深加工环节一般在区域之外。总体产业发展处在结构层级低、增值潜力弱、市场竞争力差，无法带动整体经济发展。

5. 区域合作扶贫等专项资金利用效率低。客观地说，我国贫困地区基础设施建设、教育卫生投资、生态环境改善、生产性投入、异地移民安置等需要大量的资金，现有的扶贫资金投入力度明显不足，加之，扶贫资金管理及监督机制尚未完善，扶贫资金漏出率较高，专项资金利用率低也是自然的。

二、区域落后原因对区域共同开发类横向财政转移支付启示

区域开发是个长远工程，那些"毕其功于一役"的想法是天真有害的。通过对我国区域落后原因的具体分析，借鉴西方国家区域落后的研究理论成果，本书认为，应该建立我国区域开发类横向财政转移支付体系。其目的就是充分利用横向财政转移支付的独有功能，促进区域和谐发展，实现国家的繁荣富强。

本书研究，对建立有中国特色的横向财政转移支付产生深远的借鉴意义，包括两个方面：第一，我国区域合作和区域贫困对我们未来区域共同开发类横向财政转移支付必须处理关系的启示；第二，对我国特色的区域共同开发类横向财政转移支付内容体系的启示。

（一）构建我国区域共同开发类横向财政转移支付必须处理的关系

1. 均衡与非均衡发展的关系。区域经济的均衡性是愿望、是目标，而非均衡性的存在正是区域合作的内在动力。区域共同开发类横向财政转移支付不是消灭非均衡，而是降低差距，最终实现均衡发展，但这个过程注定极其漫长。

2. 合作与竞争的关系。区域共同开发要重视合作，既要有合作促发展的思想，通过合作创造共赢；又要竞争能力的培养，强调优势互补，万不可因为共同开发而舍弃竞争，甚至扼杀竞争。

3. 政府与市场的机制协调关系。区域共同开发是政府行为，但是必须借助市场机制发挥作用。

（二）构建我国区域共同开发类横向财政转移支付内容体系的基本构想

通过上述分析，可以发现，区域共同开发在现阶段必须实现以下基本目标：（1）保障落后地区区域开发基本资金的临界值缺口，尤其是对于落后地区基础设施投资的资本要求。（2）解决贫困落后地区人民吃饭问题，以及落后地区对基本公共服务的需求，提供获取知识、吸收知识、应用知识的条件。（3）促进落后地区产业发展，提高其产业竞争力，带动区域竞争力提升。

三、有中国特色区域共同开发类横向财政转移支付的内容体系初构

根据上述分析，可以初步构建我国区域开发类横向财政转移支付的内容体系。

（一）基础开发资本类横向财政转移支付

区域发展过程中，有一个明显的资本"门槛效应"，如果区域人均收入和人均财富达到一定的"临界值"，尤其是区域政府对区域基础设施建设具有相匹配的资本积累，那么就意味着资本市场便能得以发挥作用，并与区域经济增长形成一种彼此促进的互动关系（即互为因果关系），区域经济因而能够在较高的水平上运行和发展资本市场能够将资源配置到市场最需要的地方和效益最佳的项目上，因而提高社会的资源配置效率，推动资本生产率和

区域经济增长率的提高。

理论上说，市场经济下的区域开发，资本市场是主导，财政是先导。这个先导就要求区域政府间通过财政安排，可以借鉴德国"统一基金"和"团结公约"的经验，设立"区域开发专项基金"。基金的来源可以通过中央政府开设特别税种筹集，也可以在中央和地方按比例提取，或通过发行"西部大开发债券"，以及在金融市场上募集等方式来完成，这样就可以填平区域开发过程中"临界值缺口"。国内学者多年来，一直呼吁建立"西部大开发基金"当属此类。

（二）区域扶贫类横向财政转移支付

贫困是世界著名的三大难题之一，一直困扰着人类经济和社会发展。反贫困是我国区域共同开发的长期历史任务，应该说，是我国目前区域共同开发类横向财政转移支付体系中的核心和灵魂。鉴于我国近 60 年的扶贫经历和经验教训，本书认为，中国特色的区域扶贫类横向财政转移支付应该包括如下内容：

1. 开发式扶贫横向财政转移支付。开发式扶贫即在国家必要支持下，利用贫困地区的自然资源，进行开发性生产建设，逐步形成贫困地区的自我积累和发展能力，从资金单向输入向资金、技术、物资、培训相结合输入和配套服务转变。

从国内外实践看，20 多年扶贫开发的巨大成就证明了这一扶贫方针的正确性。现阶段乃至一个更长的时期，我国扶贫工作仍然需要继续坚持开发式扶贫为主的方针。开发式扶贫是贫困地区脱贫致富的根本出路，在长期的减贫实践中，我国从救济型扶贫到开发式扶贫，走出了一条符合中国国情的减贫道路，形成了具有中国特色的扶贫开发模式。

开发式扶贫横向财政转移支付包括政府间以资源开发和市场开拓为重点的所有资金、物资、技术等的支出和转移，该项转移在现阶段是扶贫类横向财政转移支付的重点，直至贫困地区完全脱贫才能完成其历史使命。

2. 定点扶贫横向财政转移支付。定点扶贫是政府有计划地统筹安排财政扶贫资金，通过物化的形式对重点贫困地区进行扶贫开发。其实这无疑是一种更高层次的开发扶贫，依靠多个地区对贫困地区的重点有针对性地开发，发掘贫困地区自身潜力，最终达到脱贫的目的，如援疆、援藏就当属此列。

如果说开发式扶贫横向财政转移支付是一般性的横向转移支付，那么顶点式扶贫类横向财政转移支付应该属于特殊性的横向财政转移支付，其特殊性主要体现在服务对象的特殊性。这类横向财政转移支付往往能集中全国力量完成我国经济社会发展中的"短板"，起到"四两拨千斤"的作用。顶点式扶贫横向财政转移支付包括政府对国家号召和指定的重点地区所投入的所有资金、物资、技术、公共服务、人力资本开放等的支出和转移，该项横向财政转移支付的存废完全取决于被开放地区的战略地位和落差现状。

3. 对口扶贫横向财政转移支付。始于 20 世纪 80 年代的"对口扶贫"是中国特有的一种横向财政转移支付，是在中央政府统一领导和组织下的国家内部政治经济合作行为，因此有着更大、更广阔的空间。

对口扶贫这种形式也是有中国特色的社会主义的本质和共产党的根本宗旨所规定了的。让一部分先富起来的地区带动贫困地区脱贫的同时，通过国民收入的二次分配强化扶贫开发，促进各地、各民族的共同富裕、共同发展。

对口扶贫类横向财政转移支付，是我国扶贫类横向财政转移支付体系中的主体和核心。发达地区在政治任务的约束下，为了尽早实现所负责帮带的贫困地区的脱贫，必然加快资本、技术、设备等方面向不发达地区的转移速度，这使得受援贫困地区群众的脱贫速度大大加快。在我国特有的政治体制下，该项转移支付的历史使命最长，发挥作用更深远。

（三）产业转移类横向财政转移支付

产业转移是发生在不同经济发展水平的区域之间的一种重要的经济现象，是指在市场经济条件下，发达区域的部分企业顺应区域比较优势的变化，通过跨区域直接投资，把部分产业的生产转移到发展中区域进行，从而在产业的空间分布上表现出该产业由发达区域向发展中区域转移的现象。

产业化对口支援是近几年全国贫困地区正在实践的一种新型对口支援方式。它以市场为导向，以龙头企业为依托，利用贫困地区的资源优势，建立农产品基地，经过引导、整合、创新，逐步形成"贸工农一体化、产加销一条龙"的产业化经营体系，持续稳定地带动贫困地区产业结构升级，提高了贫困地区市场竞争力。

产业转移类横向财政转移支付主要是指在产业转移过程中转移方政府为了促进产业转移顺利实施，为了保障产业转移之后的经济和社会效益等目标所付出的政策资金等支出。比如鼓励本地企业到西部地区所减免的费税收入、对因产业转移支付给贫困地区配套资金和前期支出。

产业转移类横向财政转移支付是增强贫困人口"造血"功能和提高自我发展能力的很好方式，也是推进贫困地区在脱贫基础上实现稳步致富的重要保障。因此，产业转移类横向财政转移支付是且必将是我国未来横向财政转移支付体系中的重点和支点。

第四节 主从博弈模型下民族地区横向财政转移支付协调路径研究

"财政为庶政之母"。面对民族地区精准扶贫攻坚战的新任务和新要求，财政的扶贫机制需要进一步创新跟进。这其中，具有普惠和特惠效果的纵横转移支付机制必须率先改革。现有纵向为主的财政转移支付机制缺乏精准扶贫必需的灵活性和针对性，某种意义上说甚至加剧了区域发展不均衡。精准扶贫需要的是纵横交错的转移支付机制，通过纵横交错的转移支付机制协调区域经济发展也是国际上发达国家的普遍做法。

一、我国民族地区横向转移支付现状

我国多年业已实施的有民族地区的横向转移支付（对口支援、对口帮扶），主要体现在以下几个方面。

1. 突发事故类对口支援。该类横向转移支付是针对民族地区发生突发事故地区进行的对口支援，以期集中全国力量帮扶民族受灾地区渡过难关。

2. 基本民生类对口支援。该类横向转移支付是针对民族地区特别困难人群进行的民生支援，以体现民族团结和大家庭温暖，如持续了25年的对民族地区"送温暖""三下乡"等行动。

3. 共同开发类对口支援。该类横向转移支付主要是支援方和民族地区共同开发资源，逐步形成民族地区的自我积累和发展能力，如"西部大开发""新一轮西部大开发"进程中的民族地区对口帮扶。

4. 定点扶贫类对口支援。该类横向转移支付主要是政府有计划地统筹安排财政扶贫资金，对重点民族地区连片贫困进行针对性帮扶，如援疆、援藏。这类横向转移支付往往能集全国力量克服贫困地区经济社会发展中的"短板"。

5. 产业转移类对口支援。该类横向转移支付主要是支援方政府为促进产业顺利转移所发生的支出，具体包括鼓励本地企业到民族地区投资所减免的费税收入、对因产业转移支付给民族地区配套资金和技术整合支出。比如，2015 年通过的《关于打赢脱贫攻坚战的决定》中，精准化扶贫对策"产业扶持、转移就业、易地搬迁、教育支持、医疗救助"中的"产业扶持"当属此列。

上述，民族地区横向财政转移支付的精准化绩效见图 8-1。

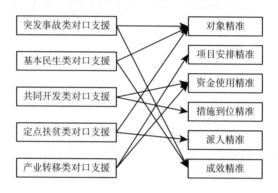

图 8-1 横向转移支付精准化效果

二、推进我国民族地区横向转移支付必须处理好相应的行为关系

推进民族地区横向财政转移支付必须处理好民族地区、支援地区、中央政府三者之间的行为关系，做到井然有序。为此，此部分借助主从博弈模型，对民族辖区政府、中央政府、对口援建省份的行为倾向进行博弈分析，进而实现三者有机耦合。

（一）一主二副主从博弈模型模拟分析

主从博弈的显著特点就是参与博弈的双方或多方地位不对等，至少有一方居于支配和领导地位。也正由于参与方地位不对等，其各自成本和利益关系较为复杂，一方的成本可能成为另一方的利益，最终取决于各方力量的强弱和策略差异。

假设在一个三人的主从博弈中，P_1 为领导者，P_2、P_3 为两个跟随者，T_1、T_2、T_3 表示三者策略集，$C^i(\gamma^1, \gamma^2, \gamma^3)(i=1,2,3)$ 表示三者应用策略

（$\gamma^1 \in T_1$，$\gamma^2 \in T_2$，$\gamma^3 \in T_3$）的成本或损失。如果：

$$\max C^i(\gamma^1, \gamma^2, \gamma^3) = \min_{\gamma^1 \in T^1} \max_{(\gamma^2, \gamma^3) \in R^F(\gamma^1)} C^i(\gamma^1, \gamma^2, \gamma^3) = C^{1*} \qquad (8-1)$$

式中，$R^F(\gamma^1)$ 表示跟随者对领导者所使用策略的最佳回应集，C^{1*} 表示领导者采取策略 $\gamma^* \in T^1$ 所遭受的损失。

式（8-1）意味着领导者采取行动的成本必须使得两个跟随者成本（各种成本，直接间接成本，显性隐形成本等）最大限度最小化，这个策略或行动才有可能得以推行和实施。

进一步，假设 $f_i(x_1, x_2, x_3)$，$i = 1, 2, 3$ 分别表示三个主体的成本函数，若领导者 P_1 选择策略 $x_1 \in T_1$ 之后，跟随者 P_2、P_3 知道 P_1 选择 x_1 后，则他们最佳利益函数为：

$$K(x_1) = \min f_2(x_1, c_2, c_3) = \min f_3(x_1, c_2, c_3) \qquad (8-2)$$

式（8-2）意味着一旦跟随者得知领导者的行动意图之后，往往基于自身成本最小化的角度出发选择对应策略。

如果主从博弈是重复博弈，那么，前期的博弈结果往往成为下期博弈的条件。假如，前期领导者行动为 x_1，下一期领导者 P_1 知道跟随者 P_2、P_3 会作出选择策略 x_2、x_3，因此他将选择 $x_1^* \in T_1$，使得：

$$\max_{(x_2, x_3) \in K(x_1^*)} f_1(x_1^*, x_2, x_3) = \min_{x_1 \in T_1} \max_{(x_2, x_3) \in K(x_1)} f_1(x_1, x_2^*, x_3)$$
$$= \min_{x_1 \in T_1} \max_{(x_2, x_3) \in K(x_1)} f_1(x_1, x_2, x_3^*) \qquad (8-3)$$

则（x_1^*，x_2^*，x_3^*）为主从博弈的动态平衡点。

式（8-3）意味着经过第一轮博弈之后，后一轮三者均衡的条件就是决策者任一收益函数最大化行动策略必须使得两个跟随者后续成本最小。

（二）民族地区横向转移支付主体博弈环境分析

1. 参与人：此处主要有中央政府（含中央部门等）、民族辖区政府（民族辖区各级政府）、对口援建省份（含援建省份中各级负有支援任务的政府及其部门）。

2. 策略：通常指参与者的行为方式及其动机，主要包括合作还是不合作等方式。在当前的政治体制下，三方之中，中央政府无疑是领导者，在财政能力宽裕的情况下，带头作用明显，一旦内外形势吃紧，存在转嫁风险的动机。援建省份在一定限度内是配合或受制于中央政府，一旦超出限度，有可能不合作。民族辖区政府往往是最合作的一方，但可能产生短期机会主义倾向。

3. 利益函数：主要指参与人从博弈过程中获得的效用水平。中央政府获得的利益主要是推动区域协调发展，维护政权稳定，是最大的受益方。民族辖区政府能改善辖区居民福利水平，是最现实的受惠者。援建省份的利益函数则十分复杂，既要服从中央政府，又要满足民族辖区政府需要，同时还要保证本地居民福利水平不至下降。所以，援建省份的成本分解和利益保障是关键和难点所在。

4. 信息：指的是参与人在博弈中有关对手特征和行动的知识。在当前财政透明程度及政府治理水平下，三方都存在信息不对称问题。中央政府对民族地区基本公共服务状况尤其是单位公共产品成本很难准确掌握，其对援建省份的努力程度也很难考量。同时，援建省份对民族辖区公共需要也不是真正了解，倒是民族辖区政府成了真实信息拥有者，有寻租的条件和动机。

5. 均衡：所有参与人的相对最优战略或行动集合。在当前行政格局下，三大主体的三大实现机制能实现稳定均衡，就是在中央政府的领导下，动用多种政治和经济资源，尽快提高民族地区经济社会水平。具体可以量化为三个方面内容：民族地区基本公共水平大幅度提高、中央财政宏观调控能力增强、援建地区居民公共服务水平同步提高。

（三）约束方程及最优解

根据前文各级政府的利益函数，结合我国具体财政制度和政治环境，得到如下约束方程：

$$\begin{cases} FC \geqslant \sum Tm + \sum Ta, \sum Tm = (1 + \alpha)ft, Ta = kf(x_1, x_2, \cdots, x_n) \\ \qquad\qquad\qquad\qquad\qquad\qquad\qquad\qquad\qquad\qquad （中央政府约束条件）\\ \\ R\alpha \leqslant Rp \leqslant \varepsilon F\alpha \leqslant \beta Tax + kf(x_1, x_2, \cdots, x_n) \\ \qquad\qquad\qquad\qquad\qquad\qquad\qquad\qquad\qquad\qquad （援建省份约束条件）\\ \\ Ip \geqslant \sum (tm + ra), \varepsilon Fm \geqslant (1 - \alpha)ft + \delta[kf(x_1, x_2, \cdots, x_n) + \beta Tax] \\ \qquad\qquad\qquad\qquad\qquad\qquad\qquad\qquad\qquad\qquad （民族辖区约束条件） \end{cases}$$

在中央政府约束条件中，FC 表示中央政府可控财力，Tm 为对民族地区基本公共服务均等化转移支付，Ta 为对其他省份（假如为援建省份）按照现行转移支付条例规定执行的转移支付，α 为民族地区财政努力程度，f_t 为民族地区财政缺口（经常性项目缺口），k 为中央财政纵向转移支付均等化系数，x_1，x_2，$\cdots$，x_n 为纵向转移支付因子（如面积、人口、地理条件等）。可以看出，对中央政府而言，其约束条件可以表述为：在既定财力下，其对民族地区政府及其他省份转移支付都必须在可支配财力许可的范围内，对民族地区转移支付取决于民族辖区政府的财政努力程度及财政缺口，对其他省份的转移支付取决于中央财政均等化意图的强弱①。

在援建省份约束条件中，Ra 为援建省份对民族地区公共服务支援支出增长率，Rp 为援建省份自身公共服务增长率，Fa 为援建省份总的可支配财力，β 为援建省份的财政努力程度，Tax 为援建省份税收基础或税源，k 为中央财政纵向转移支付的均等化系数，x_1，x_2，$\cdots$，x_n 为中央对援建省份计算纵向转移支付的因子（如面积、人口、地理条件等）。可以看出，对援建省份而言，其对民族地区援建规模取决于自身公共服务水平的高低，更进一步取决于自身财政努力程度和中央政府对其转移支付均等化程度的高低。

在民族辖区政府约束条件中，Ip 为民族地区政府基本公共服务财政支出总额，tm 为中央政府对民族地区转移支付总额，ra 为援建省份对民族地区转移支付支出，ε 为民族辖区政府财政公共化程度（相当于公共服务支出占总财政支出的比重或程度），Fm 为民族地区总的可支配财力，α 为民族地区财政努力程度，f_t 为民族地区经常性财政支出缺口，δ 为援建省份对中央政府支持或服从程度，k 为中央财政纵向转移支付的均等化系数，x_1，x_2，$\cdots$，x_n 为中央对援建省份计算纵向转移支付的因子，β 为援建省份的财政努力程度，Tax 为援建省份的税收基础。可以看出，对民族辖区政府而言，其投入公共服务的规模取决于中央及援建省份支持力度，进一步，取决于民族地区自身努力程度、援建省份财政努力程度、中央财政转移支付的均等化程度。

一个不争的事实是，中央财政主动性高于援建省份，尤其是财力层层向上集中体制下，援建省份的行为极为关键和微妙，其可以通过隐瞒财政实力、拖延进度，也可以不顾一切"众志成城"援助民族地区。

对三大主体约束条件的拉格朗日函数求导，使得其满足：$FC = Ra = Ip = 0$，解出其均衡条件为：（1）当 $k \geq 0$ 时，$\alpha = \beta$，即当中央政府对非民族地区

---

① 这个意图的强弱与特定政治经济环境相关，一般而言，和平时期及经济快速发展时期均等化意图不足。见贾康. 中央地方财力分配关系的体制逻辑与表象辨析［J］，财政研究，2011（1）.

财政转移支付均等化程度显著时，最起码的条件是民族辖区的财政努力程度必须等于援建省份的财政努力程度。（2）当 $k \leqslant 0$ 时，$\alpha > \beta$，即当中央政府对非民族地区财政转移支付均等化程度不显著时，最起码的条件是民族辖区的财政努力程度必须大于援建省份的财政努力程度①。

如果不能满足以上两个条件，最优解不存在。也就是说，在实行民族地区横向财政转移支付进程中，能有均衡解前提条件就是：中央财政公正的转移支付体系＋民族辖区政府的积极努力＋援建省份利益保障。

可见，必须在厘清三大实现机制作用边界的前提下进行有机耦合。民族辖区政府应该固守基础性领域，中央政府应侧重于强外溢性领域，对口支援应侧重于民生帮扶领域。最终形成以民族辖区政府为主体，中央政府和援建省份为两翼的"三驾马车"运行格局。

第五节　中国特色区域共同开发类横向财政转移支付运行平台

一、资金来源

区域开发首先必须完善承接地交通基础设施，加强区域间交通干线和区域内基础交通网建设，构建便捷高效的综合交通运输体系。与此同时，必须发展跨区域产业技术创新战略联盟，建立完善公共信息、公共试验、公共检测、技术创新等服务平台，建立区域间信息共享机制。这些都对资金提出高要求，凭借落后地区无法完成，必须立足我国特色的横向财政转移支付制度形成一个稳定的筹资机制。根据中国的实际，特别是结合我国区域开发成功经验，本书认为，可以通过以下渠道建立我国区域开发资金，为有中国特色的横向财政转移支付提供保障。

（一）建立区域开发共同投资基金

经过多年的区域开发，西部地区经济建设、政治建设、社会建设、文化建设和生态建设取得了长足的进步，已经站在新的历史起点上。但是，较之

---

① 这也是近些年来民族省份财政努力程度（税收增长速度）快于其他省份的一个印证。

东部，西部繁重的开发任务，仍然面临区域开发资金"临界值缺口"问题。因此，除了国家政策性银行等金融机构的信贷倾斜外，应该设立西部共同开发基金，进一步拓宽加快西部地区发展的资金输入渠道。西部共同开发基金主要对西部地区基础设施建设补贴，新能源、新材料、生物产业、旅游和民族产业等新兴产业和盐湖、有色金属、油气、煤炭等资源加工转化利用项目开发，关键技术和产品研发、人才引进和培养等给予重点支持，以此降低企业在落后地区的投资成本，提高企业的竞争力。鉴于中央财政财力等显示状况，可以按照德国共同开发基金模式，由东部发达省份按照一定比例认购。实质上形成东部发达地区对西部落后地区的横向财政转移支付。

（二）设立对口扶贫专项基金

对口扶贫（对口支援）是一项长期而艰巨的任务。其长期性来自中国地区间经济社会差距的程度，其艰巨性来自对口支援任务的全面性。不光是经济上的发展，更多的包含贫困地区基本公共服务的提高。

因此，各个负有对口扶贫任务的省份，可以通过省级财政本级预算，按照财政收入或者财政支出的一定比例，建立"对口扶贫专项基金"，使之经常化、规范化，一改过去从预备费列支的非经常性行为特征。

（三）推行区域产业互助投资基金

实施横向财政转移支付的核心是提高落后地区的自立能力，其中核心是产业竞争力。产业发展除了需要大量的资金，尚需技术引进和改造等。政府的资金是有限的，市场的资金是逐利的，如何通过政府机制和市场机制的有机结合，是西部落后地区产业升级和区域可持续发展的关键。这里不妨引进日本、德国的产业发展基金模式，充实中国产业转移类横向财政转移支付的资金来源。只要形成一种科学而有竞争力的融投资机制，用市场化的运作方式调动国内外富余的资金加盟，西部大开发一定会改变目前仅仅主要以中央政府的投资开发和产业关联度不高的被动局面。这种融投资机制就是产业投资基金。

产业投资基金是一种借鉴西方发达市场经济规范的"创业投资基金"运作形式，通过发行基金受益券募集资金，交由专业人士组成的投资管理机构操作，基金资产分散投资于不同的实业项目，投资收益按资分成。

产业开发类横向财政转移支付类资金包括两层：一是政府的资金为了显

示导向和力度投向公共设施,为产业基金的预期收益提供基础环境;二是政府应在政策的制订上鼓励金融创新,以此推动市场化的资金更加活跃而采取的鼓励措施,如减税、利息税前扣除、加速折旧等。

二、支付标准

区域开发类横向财政转移支付的支付标准必须坚持如下原则:

1. 能负担原则。区域开发类横向财政转移支付必须贯彻能负担原则,不能有"一刀切"或者"吃大户"的心理。这样就能保证其长期进行下去。

2. 效率优先原则。与基本财力均等化类的横向财政转移支付不同,区域开发类横向财政转移支付坚持以效率为先。效率优先,实质就是发展生产力优先。

3. 多层次原则。力争区域开发类横向财政转移支付实行多层次多类别的支付标准,最好不要用一种标准和比例,既要节省交易费,又要提高运行效率。

根据上述内容,结合目前国家的相关文件规定,可以把我国区域开发类横向财政转移支付的支付标准用表8-1表示出来。

表8-1 我国区域开发类横向财政转移支付标准

类别	内容	原则	标准
基础开发资本	区域开发基金	无偿、能负担	一次性认购,按照 GDP 一次性分摊
区域扶贫	对口扶贫专项基金	无偿、能负担、多层次	按照上年财政支出的 0.5% ~ 0.8% 支付
产业转移	产业互助投资基金	效率优先	按照权责发生制安排政府前期基金

三、运行方式

(一)政府主导的运行方式

西部最大的优势就是部分自然资源和人力资源优势,但是,劣势是远离经济发达地区。应该以公共基础设施与教育的大投入为序曲,以大的资源性开发为方式刺激西部经济发展，进而带动本地企业和吸引区外企业的加盟而良性发展。

政府财政资金是产业扶贫资金来源的主体部分，具体方式有政府直接的财政拨款或者政策性银行拨款，由主管部门按计划从财政经费中分配给被扶持产业；再者就是政策性的贷款，由国有商业银行对国家需要优先扶持的领域发放的利率较低、期限较长的政策性银行贷款。

其运作方式主要有：一是西部地区应向中央争取对进入工业园区的工业企业增值税扩大抵扣范围，享受与东北老工业基地和中部地区工业企业同等的税收优惠政策；二是增加贷款贴息的范围、规模，延长年限，对工业园区基础设施配套建设和重大产业化项目给予专项资金补贴。三是应在省级科技三项费、技改专项费、重大产业化项目资金等相关资金计划中单列切块，支持工业园区的优势产业发展。

（二）市场主导的运行方式

建立开放式基金是我国证券市场扩大投资者队伍的重大举措。笔者以为，我国证券市场应建立一只开放式西部大开发专项基金，为西部筹资作出更大的贡献。中国证券市场已日趋成熟，基金管理也已积累了丰富的经验，我们完全相信，在不久的将来，一个创新的必定能逐步发展壮大的开放式西部大开发基金一定会在中国证券市场建立起来。

（三）政府和市场合作的运行方式。

纵观世界各国，政府与市场合作领域十分广泛，即使是公共设施投资，也有很多成功的案例。比如对基础设施的 POT、POTT 等方式。通过民间资金的参与，既可减轻政府的财政压力，也可引进市场的高效运作来提高资金使用效率。从这个角度看，西部大开发等需求量极大的公共设施的建设市场和政府合作完全可行（见表8-2）。

表8-2　　　　　我国区域开发类横向财政转移支付运行方式

类别	内容	原则	运行方式
基础开发资本	区域开发基金	无偿、能负担	政府主导
区域扶贫	对口扶贫专项基金	无偿、能负担、多层次	政府主导、社会参与
产业转移	产业互助投资基金	效率优先	政府先导、市场主导

总 结 及 建 议

出台《区域开发法》。目前，我们尚没有制定专门的区域经济基本区域发展法，也没有一部针对特定地区的开发法案。因此，只有以严密的法律条文将区域经济发展目标、总体战略部署明确下来，如西部大开发法或者区域开发基本法等，才能通过法律调整区域基础设施、人力资源、生态环境等公共领域。

建立多元化的扶贫资金投入机制。在此基础上，应逐步建立中央政府、地方政府、集体、个人、国外基金等多主体、多渠道的扶贫开发资金投资体制，统筹使用各项扶贫资金，提高资金综合利用效率。"扶持贫困地区发展资金"的筹集渠道可通过中央财政拨款、地方财政配套和国内外组织捐助等形式进一步完善和充实。

第九章　民族团结类横向财政转移支付

第一节　民族团结的理论基础及其重要意义

一、民族团结的理论基础

民族是一种在宗教、习俗、语言、历史传统等方面存在差异而为人们所辨认的文化集体，尤其是指人们在历史上形成的一个有共同语言、共同地域以及共同文化心理共同体。民族是差异性的，但是民族之间又是平等的，这种平等性要求民族间团结和友爱。民族团结是完整、统一的国家的需要，多年来围绕民族团结和民族平等产生了如下理论：

1. 共同发展理论。共同发展指的是在经济发展过程当中，相互促进、同步发展、共同繁荣。人的权利形形色色，但发展权是一项基本人权。一个人，不管其在种族、出身、宗教信仰、语言、政治态度等方面有何差异，都应该平等地享有发展的权利。这是不容剥夺的。作为一项基本人权，发展权还派生出社会保障权、文化教育权等一系列具体人权形式。

马克思主义认为，对任何民族来说，其基本权利都可以概括为生存与发展的权利。发展是民族存续的前提，也是民族权利得到实现的动力。在多个民族所构成的现代国家政体中，民族发展权利保障的程度和范围必然在很大程度上取决于国家对民族生存和发展权利的维护力度的大小。世界各国的历史教训与经验证明了，这不仅关系到民族的生存，而且关系到国家的整合与统一。

2. 民族平等理论。任何民族都是统一国家不可分的一部分，具有同等的政治经济地位，在国家和社会生活的一切方面，依法享有所有相同的权利，当然，也必须履行相同的义务。马克思主义民族观认为，民族平等主要包括四个方面：（1）民族不分大小，一律平等。（2）各民族在一切权利上完全平等。（3）帮助一切民族实现民族平等权利，对弱小民族的利益和平等权利给予特殊照顾。（4）各民族都必须履行相应的义务。

3. 多元统一理论。该理论主要源于费孝通教授（1988）的民族理论，他认为中华民族既具有多样性的特征，同时也具有统一性和互补性的特性。多样性是各民族认同的基础，同一性是中华民族认同的基础。我们既要保护民族多样性，同时也要增强同一性或共同性，以增强中华民族凝聚力，加强国家的认同。

自秦汉以来，中国就是统一的多民族国家。经历了2000多年的风雨，虽然有过短暂的割据和局部分裂，但国家统一始终是主流方向。无论是汉族还是其他民族，都把实现多民族国家的统一作为最高政治目标，且为之奋斗。

4. 公平正义理论。公平正义是人类社会的一个永恒主题，是人类社会发展中具有永恒意义的基本价值追求和行为准则。公平正义的第一个方面是权利公平，权利公平是实现社会公平正义的前提和基础。公平正义的第二个方面是机会公平，它意味着公民起点的平等。公平正义的第三个方面是分配公平，分配公平是社会公平的最终标准和归宿。

公平既是一种价值取向，更是一种实践要求，它要求政治利益、经济利益必须无一例外地在各民族成员之间合理分配。其中，少数民族人权的平等保障是民主国家不可或缺的重要组成部分。只有这样，才能实现少数民族人权保障中的实质平等。

二、民族团结的重大意义

民族团结是社会主义民族关系的核心和基石，其含义：（1）民族团结是各民族间和各民族内部，在共同利益基础上结成的友好合作的关系。（2）民族团结是指各民族之间和各民族内部的团结，即各民族人民基于共同的利益，平等相待，互相帮助，为实现国家独立和强大而共同奋斗。（3）民族团结观是指不同民族为了共同的利益和目标在自愿和平等的基础上的联合和承诺。

在中国，民族团结包括汉族和少数民族之间的团结，各少数民族之间的团结，以及同一少数民族内部成员之间的团结。新中国成立70年来，中国政府坚持将马克思主义民族理论的基本原理与中国实际相结合，形成了以民族平等、民族团结、民族区域自治、民族共同繁荣为基本原则的民族政策体系。

在中国这样一个多民族国家，维护民族团结有着特别重要的意义：其一，民族团结是国家统一的重要保证。只有实现了民族团结，才能维护国家统一。其二，民族团结是社会稳定的重要前提。只有实现了民族团结，社会才能安定和谐，人民才能安居乐业，国家才能长治久安。其三，民族团结是社会进步的重要保障。只有民族团结，才能聚精会神搞建设，使经济社会取得长足进步，人民安居乐业。

第二节　民族团结类横向财政转移支付的必要性

一、民族地区财政收入能力

民族地区的财政能力，是指民族地区政府在所辖范围内凭借公权力，为满足辖区内公共需要，实现经济发展而有效筹集财力的能力，主要包括财政收入能力和财政支出能力。民族地区的财政能力大小，不仅关系民族经济的增长繁荣，更关系到国家统一、政治稳定。在中国，民族地区一般指五大民族自治区和云南、贵州和青海三省，本书以此八大民族地区为代表展开研究。

地方政府财政收入的组成部分有许多，其中最重要的是一般公共预算收入以及中央税收返还和转移支付。前者是政府财力的初次分配，反映地方政府自身组织收入的水平；后者是政府财力的再分配，反映中央政府对地方政府的帮扶。

表9-1是我国民族地区一般公共预算收入规模的变化情况。

表9-1						民族地区一般公共预算收入规模						单位：亿元	
地区	2001年	2002年	2003年	2004年	2005年	2006年	2007年	2008年	2009年	2010年	2011年	2012年	2013年	2014年
内蒙古	99	113	139	197	277	343	492	651	851	1070	1357	1553	1721	1844
广西	179	187	204	238	283	343	419	518	621	772	948	1166	1318	1422
西藏	6	7	8	10	12	15	20	25	30	37	55	87	95	124
宁夏	28	26	30	37	48	61	80	95	112	154	220	264	308	340
新疆	95	116	128	156	180	219	286	361	389	501	720	909	1128	1282

续表

地区	2001年	2002年	2003年	2004年	2005年	2006年	2007年	2008年	2009年	2010年	2011年	2012年	2013年	2014年
贵州	100	108	125	149	182	227	285	348	416	534	773	1014	1206	1367
云南	191	207	229	263	313	380	487	614	698	871	1111	1338	1611	1698
青海	20	21	24	27	34	42	57	72	88	110	152	186	224	252

资料来源：2001～2014年《中国财政年鉴》。

由表9-1可以看出，2001～2014年，民族地区的一般预算收入都有大幅度增加，14年间年均增长率超过了20%。但在民族地区内部，一般预算收入规模不均衡。内蒙古、广西、新疆、云南和贵州五大地区的一般预算收入大致在同一水平，而西藏、宁夏和青海的收入规模非常小，与其他三个自治区相差甚远，尤其是西藏，2014年一般预算收入仅为内蒙古的6.7%，差距十分巨大。

从增长态势来看，2001～2005年，八大民族地区的一般公共预算收入增长缓慢（见表9-2）。但从2006年开始，内蒙古、广西、新疆、云南、贵州呈现快速增长态势，且内蒙古的一般预算收入规模增长最快，超过广西，成为一般预算收入规模第一的民族地区；西藏、宁夏和青海一直保持较为平缓的增长趋势。

表9-2   **我国民族地区人均一般公共预算收入**   单位：元/人

地区	2001年	2002年	2003年	2004年	2005年	2006年	2007年	2008年	2009年	2010年	2011年	2012年	2013年	2014年
内蒙古	418	474	583	826	1163	1436	2051	2700	3519	4373	5477	6246	6900	7370
广西	373	387	419	488	593	731	883	1082	1284	1632	2048	2500	2803	3003
西藏	232	274	302	368	437	522	713	872	1043	1242	1813	2834	3065	3945
宁夏	490	463	518	642	806	1023	1318	1547	1795	2447	3459	4105	4740	5165
新疆	507	611	663	799	908	1081	1379	1709	1813	2307	3279	4093	5019	5622
贵州	263	282	322	384	478	606	758	921	1097	1468	2225	2917	3454	3899
云南	446	477	523	599	705	851	1082	1356	1532	1901	2407	2881	3448	3613
青海	379	399	450	503	625	774	1031	1294	1579	1969	2685	3268	3890	4336
东部	1141	1260	1461	1692	2140	2538	3257	3844	4285	5100	6215	7008	7803	8520
全国平均	317	670	770	923	1172	1422	1820	2198	2484	3066	3930	4544	5106	5584
民族地区平均	389	421	473	576	714	878	1152	1435	1708	2167	2924	3606	4165	4619

资料来源：2001～2014年《中国财政年鉴》。

由表 9 - 2 可以看出:

1. 民族地区人均一般预算收入增幅明显。在民族地区内部,从 2001 ~ 2014 年,人均一般公共预算收入均有了大规模的增加。其中,增幅最大的是内蒙古,其 2014 年人均收入是 2001 年的 17.6 倍,其次是西藏(17 倍)、贵州(14 倍)、青海(11.4 倍)、新疆(11 倍)和宁夏(10.5 倍),增幅最小的是广西和云南,但也有 8 倍的增幅。民族地区的财力有了很大提升。

2. 民族地区内部财力不均衡,且呈现扩大态势。2001 年,民族地区人均财政收入由高到低排序依次是新疆、宁夏、云南、内蒙古、青海、广西、贵州和西藏,到了 2014 年,这一排序变为内蒙古、新疆、宁夏、青海、西藏、贵州、云南和广西。2001 年,人均财政收入最高的新疆比人均财政收入最低的西藏多 275 元/人,但 2014 年,人均财政收入最高的内蒙古比人均财政收入最低的广西多 4367 元/人,广西的人均财政收入尚不足内蒙古的一半。

3. 民族地区人均财政收入低于东部地区和全国平均水平。一般认为,人均财政收入的大小和其经济发展水平相关,东部地区拥有较高的人均财政收入,中部次之,西部最少,东部地区的人均财政收入一直居于高位。

2014 年,内蒙古、宁夏和新疆三大地区人均一般预算收入超过了民族地区平均水平,内蒙古和新疆更是超过了全国平均水平。可见,从人均一般预算收入角度来说,民族地区并不比非民族地区少。从全国各地区人均一般公共预算收入排序也可印证这一点:内蒙古、新疆、宁夏分别排在第 7、第 12、第 13 位,排名靠前;而青海、西藏、贵州、云南和广西分别排在第 19、第 21、第 22、第 25 和第 29 位,排名靠后。显然,在民族地区中,内蒙古和新疆的一般公共预算收入不逊于非民族地区,在 2014 年底(市、州)一般公共预算收入前 100 名中,民族地区共有四个城市入选,分别是内蒙古的鄂尔多斯(第 28 名)、包头(第 61 名)、呼和浩特(第 67 名)和新疆的乌鲁木齐(第 36 名)。

二、民族地区财政自给能力

(一)民族地区财政自给能力现状

一般采用财政自给率来衡量政府的财政自给能力。财政自给率 = 本级财政收入/本级财政支出,在本书中采用一般公共预算收支的数据来计算财政自给率。一般认为,财政自给率等于 1,说明该级政府刚好具有财政自给能力;

如果大于1，说明该级政府具有充分的财政自给能力，除了可以满足本级支出外，还有能力向其他级别政府提供转移支付；如果小于1，说明该级政府财政自给能力不足，需要举借债务或由其他政府向其提供转移支付（见表9－3）。

表9－3 民族地区财政自给率 单位:%

地区	2001年	2002年	2003年	2004年	2005年	2006年	2007年	2008年	2009年	2010年	2011年	2012年	2013年	2014年
内蒙古	31.0	28.7	31.1	34.9	40.6	42.2	45.5	44.7	44.2	47.1	45.4	45.3	46.7	47.5
广西	50.9	44.5	45.9	46.9	46.3	47.0	42.5	39.9	38.3	38.4	37.2	39.1	41.1	40.9
西藏	5.7	5.1	5.5	7.5	6.5	7.5	7.3	6.6	6.4	6.7	7.3	9.6	9.4	10.5
宁夏	29.8	22.6	28.3	30.1	30.0	31.6	33.1	29.2	25.9	27.6	31.2	30.6	33.4	34.0
新疆	36.1	32.1	34.8	37.1	34.7	32.3	36.0	34.1	28.9	29.5	31.5	33.4	36.8	38.6
贵州	36.4	34.1	37.7	35.6	34.9	37.2	35.8	33.0	30.3	32.7	34.4	36.8	39.1	38.6
云南	38.5	39.3	39.0	39.6	40.9	42.5	42.9	41.8	35.8	38.1	37.9	37.4	39.3	38.3
青海	19.8	17.6	19.7	19.7	20.0	19.5	20.2	19.8	18.1	14.8	15.7	16.0	18.2	18.7
东部	79.1	74.8	74.4	73.4	77.7	80.2	83.9	82.3	77.1	78.1	79.3	79.9	79.2	80.9
中部	48.0	45.2	45.9	45.7	46.4	46.9	45.5	43.8	39.7	41.5	43.6	45.2	46.6	47.8
西部	38.0	35.1	38.0	38.6	39.4	40.1	41.5	37.5	34.4	36.8	39.5	39.6	40.6	40.9

资料来源：根据2001～2014年《中国统计年鉴》数据计算。

总体来看，民族地区财政自给率一直不高。财政自给率最高是2001年的广西，其时财政自给率超过了50%，此后民族地区的财政自给率均未超过50%。2001～2014年，广西的财政自给率呈现出下降趋势，云南和青海分别在39%和19%的水平上下波动，其余地区的自给率呈现上升走势，表现尤为突出的是内蒙古，其自给率从2001年的31%上升至2014年的47.5%。值得注意的是，西藏一直是财政自给率最低的地区，近年来的自给率仅为10%。

对比区域财政自给率平均值可以发现，2001～2014年，东部、中部和西部地区的财政自给率几乎没有太大变化，东部地区自给率较高，基本在80%左右徘徊，中部次之，西部居于最末，中西部自给率均从未超过50%。除内蒙古外，民族地区的财政自给率低于西部地区平均值。

（二）中央对民族自治地区的税收返还和转移支付制度

民族地区财政自给能力不高，我国长期的相关法律法规又限制了地方政府举债的能力，因此财力的缺口必须靠中央政府支持，中央对民族地区的财力支持主要通过中央税收返还和转移支付来实现（见表9－4）。

表9－4　　　民族地区税收返还和转移支付占一般公共预算支出比重

地区	2005 年	2006 年	2007 年	2008 年	2009 年	2010 年	2011 年	2012 年	2013 年	2014 年
内蒙古	60.5	60.3	60.7	54	53.1	50.8	52.5	51	48.3	48.4
广西	58.3	61.1	63.1	61	61.4	58	62.7	59.8	56.8	55.9
西藏	103.3	102.7	104.2	94	100.2	96.4	94.2	88.8	89	87.3
宁夏	76.9	73.9	82.3	75.1	74.2	64.6	67	62.2	60.3	62
新疆	66.2	69.3	69.4	64.7	68.9	66.2	65.8	63.2	60.4	60.5
贵州	64	64.1	71.1	68.9	67.1	64.8	68	61	59.7	60.5
云南	56.9	57.4	60.7	57.7	58.4	56.4	59.2	57.5	52.8	55.7
青海	89.7	84	83.3	85.7	82.4	80.1	84	72.4	70	69
东部	26.4	26	23.9	23.1	25.4	24.7	24.5	23.5	21.2	20
中部	56.8	57.3	59.5	58.1	59.6	56.6	57.4	55.3	51.5	51.1
西部	62.8	62.9	65.1	63.8	64	60.1	60.7	57.5	55.2	55.4

资料来源：根据2005～2014年《中国统计年鉴》数据计算。

由表9－4可知，各地区中央税收返还和转移支付占一般公共预算支出的比重和财政自给率是对应关系，财政自给率越低，中央税收返还和转移支付比重越高，反之则越低。民族地区获得较多的中央财力支持，尤其是西藏，其绝大部分的支出资金都是中央提供的；内蒙古由于自身财力相对较强，获得中央支持相对较小。具体来说，2005年，中央对民族自治区的税收返还和转移支付共2348亿元，2014年增加为13031亿元，10年间增加了4.55倍。这些资金很好地弥补了民族自治区自有财力的不足，为加快民族地区经济发展作出了贡献。以2014年为例，中央分别给予内蒙古1878亿元、给予广西1945亿元、给予西藏1035亿元、给予宁夏620亿元、给予新疆2007亿元、给予贵州2144亿元、给予云南2472亿元、给予青海929亿元的资金支持，分别占到其一般预算支出的48.4%、55.9%、87.3%、62%、60.5%、

60.5% 、55.7% 和 69% 。可以说，没有中央的财力支持，民族地区很难完成本辖区公共服务供给任务。

新中国成立之初，为了扶持民族地区发展，中央在财政补助上给予民族自治区许多差别政策。现在民族地区享受的中央税收返还以及转移支付和非民族地区没有差别。从中央税收返还与转移支付占地方一般预算支出的比重来看，民族地区获得的支持大多超过 50% ，但考虑到民族地区一般预算支出的绝对量相对偏低，实际获得的财政资金并不高。以东部发达省份广州为例，2014 年，其从中央获得的税收返还与转移支付占支出的比重虽然仅为15.7% ，但绝对量却有 1437 亿元，超过西藏和宁夏获得的中央财力支持，山东省更是获得了 2024 亿元的中央税收返还，超过了五个民族自治区。在和中部省份的比较中，民族地区获得的中央财力支持的绝对量同样也不占优势，湖北省 2014 年获得 2393 亿元的中央税收返还和转移支付，同样超过了大多少数民族地区。

三、民族地区经济差距分析

民族地区经济发展水平与其他各地区经济发展水平差距，从相对数而言虽然有所拉近，但在绝对数上差距却是在拉大，如表 9-5 所示。

表 9-5　　　　　　　　各区域人均 GDP　　　　　　　单位：元/人

地区	2007 年	2008 年	2009 年	2010 年	2011 年	2012 年	2013 年	2014 年
全国	20285	23851	25900	30494	35932	39447	43214	46491
东部	31491	36503	39319	45510	52949	57429	62621	66960
中部	15619	18746	20499	24871	30119	33382	36421	39098
民族地区	13492	16622	18225	22316	27269	30677	33957	36591

资料来源：根据 2007~2014 年《中国统计年鉴》数据计算。

从相对数上看，2007 年，民族地区的人均 GDP 为全国平均水平的66.5% ，是东部地区的 42.8% ，是中部地区的 86.4% ；到了 2014 年，民族地区人均 GDP 和其他地区的水平有所拉近，民族地区人均 GDP 分别是全国平均水平的 78.7% 、东部地区的 54.6% 、中部地区的 93.5% 。相对差距逐渐在消弭。但从绝对数上看，民族地区与其他地区的人均 GDP 差距在扩大，2007 年，民族地区和全国人均 GDP 相差 6793 元/人，到了 2014 年，这一差距为 9900 元/人。可见，虽然民族地区经济在近年来得到较大发展，但相较于全国其他地区，其仍存在很大的发展空间。这是因为，从统计学意义来说，相对数更有说服力，但从人们的主观感受而言，绝对数带来的心理观感会更加强烈。

第三节　新中国民族团结发展概况及成就

一、新中国民族团结行动概况[①]

多年来，国家采取各种措施，坚定不移地维护民族团结，努力实现各民族共同团结奋斗、共同繁荣发展。总结多年来我国民族团结类帮扶行动，主要做到了以下方面：

1. 国家坚持把加快少数民族和民族地区经济社会发展作为解决中国民族问题的根本途径。解决民族地区的困难和问题归根结底要靠发展。多年来，国家从战略高度重视少数民族和民族地区发展，始终把提高各族人民生活水平作为一切工作的根本出发点和落脚点，千方百计加快发展，努力实现各民族共同繁荣发展。

2. 国家始终把民族地区的基础设施建设放到十分突出的位置。2000 年实施西部大开发战略以来，国家把支持少数民族和民族地区加快发展作为西部大开发的首要任务，截至 2015 年，西部大开发以来民族地区固定资产投资累计达到 77899 亿元，建成了西气东输、西电东送、青藏铁路等一批重点工程，修建了一批机场、高速公路、水利枢纽等基础设施项目。

3. 突出解决贫困问题，着力保障和改善民生。多年来，国家采取一系列政策措施解决少数民族群众的贫困问题。1990 年起，国家设立"少数民族贫困地区温饱基金"，重点扶持 141 个少数民族贫困县。1994 年，实施《国家八七扶贫攻坚计划》，通过放宽标准而使享受优惠政策的少数民族贫困县增加了 116 个，民族地区的贫困人口已由 1985 年的 4000 多万人减少到 2015 年的 770 多万人。

4. 不断加大财政支持力度，积极组织对口支援。据统计，1978 ~ 2015

---

① 数据源自于 1994 ~ 2016 年《中国民族统计年鉴》。

年，中央财政向民族地区的财政转移支付累计达 20889.40 亿元，年均增长
15.6%。与此同时，中央政府积极组织实施发达地区对欠发达民族地区开展
对口支援，同时动员中央各部门对口帮扶贫困地区，形成了"多对一"的扶
贫帮扶模式。

5. 加大少数民族地区人力资本开发力度。近年来，国家先后实施贫困地
区义务教育工程、农村中小学危房改造工程、西部地区"两基"攻坚计划等
工程。目前，全国建有民族小学 20910 所、民族中学 3500 多所，其他各级各
类学校也全部面向少数民族招生并实行一定优惠。经过 60 年的努力，民族地
区教育事业得到了长足发展，少数民族群众的整体文化素质明显提高。2000
年第五次全国人口普查表明，朝鲜族、满族、蒙古族、哈萨克族等 14 个少数
民族的受教育年限高于全国平均水平。

6. 抢救和保护少数民族文化遗产。国家成立了全国少数民族古籍整理出
版规划小组办公室，对少数民族古籍进行挖掘、整理、保护。截至 2015 年
底，已搜集少数民族古籍数百万种，整理 11 万余种。国家公布的三批共
1488 名国家级非物质文化遗产项目代表性传承人中，少数民族项目代表性传
承人有 393 名，占 26.4%。

二、我国民族团结行动成果概况

新中国成立 70 多年，特别是改革开放 40 多年来，民族地区经济社会发
展取得了举世瞩目的辉煌成就。总结起来，其主要成就可以概括为：

1. 引导各民族共同走上社会主义道路。新中国成立后，党和政府根据广
大少数民族群众的愿望，采取不同的步骤和方式，先后在民族地区进行了民
主改革和社会主义改造，与全国其他兄弟民族共同迈入了社会主义社会，真
正成为新社会的主人。

2. 支持和帮助民族地区发展生产力，实现少数民族群众生产方式和生活
水平的历史性飞跃。党和政府历来高度重视帮助少数民族群众解决生产生活
上的困难。除此之外，中央设立了民族地区补助费、民族自治地方机动金、
边境建设事业补助费、少数民族发展资金等专项经费等，为少数民族和民族
地区加快发展创造了有利条件。

3. 大力培养少数民族干部和人才。新中国成立后，党和政府普遍开办各
种民族干部培训班和民族干部学院。目前，全国已建成 15 所民族院校，培养

了大批少数民族干部和各类人才。改革开放以来，中央根据改革开放和社会主义现代化的新形势，强调培养造就一支德才兼备的少数民族干部队伍就是做好民族工作，为加快少数民族和民族地区经济社会发展，为维护祖国统一和民族团结，做出了突出贡献。

民族地区社会事业稳步前进，少数民族群众思想道德素质、科学文化素质和健康素质全面提高。多年来，国家采取一系列特殊政策和措施，大力发展少数民族社会事业。例如，在教育方面，举办民族院校和民族中小学，在高等院校举办民族班、民族预科班，推行少数民族高层次骨干人才培训计划等措施。

第四节　我国民族团结类横向财政转移支付内容体系

从上述内容可以看出，多年来的民族团结和民族帮扶实践的重点无外乎表现为：（1）保护和挽救民族文化，特别是稀有和濒危民族文化；（2）对人口较少民族的整体帮助，这是少数民族地区经济发展的"短板"；（3）对民族地区人力资源的开发，实现从"输血"到"造血"的转变；（4）促进民族之间的交往和交流，在增加民族感情的同时，推进少数民族思想解放。

因此，未来我国民族团结类横向财政转移支付的内容体系自然可以界定为以下四个方面：文化保护类、经济帮扶类、智力扶持类、民族交往类。

一、文化保护类民族团结横向财政转移支付

1. 缘由。保障少数民族文化权利是现在以及未来国家整合中的重要战略问题。保障少数民族文化权利，不仅要维护少数民族，而且要发展少数民族，进而使少数民族文化真正成为维系少数民族共同体、发展少数民族的重要资源。保障少数民族文化权利与国家整合之间实现有机统一的关键点在于：保证多民族国家内在的统一性和多元性的有机统一。

2. 意义。中华民族文化既具有多样性的特征，同时也具有同一性和互补性的特性。我们既要保护文化多样性，同时也要增强同一性或共同性，以增强中华民族凝聚力，加强国家的认同。我国宪法规定，我国政府通过各种政

策措施，尊重和保护少数民族文化，支持少数民族文化的传承、发展和创新，鼓励各民族加强文化交流，繁荣发展少数民族文化事业。

3. 内容：（1）民族文化开发机制。确保民族传统文化的开发科学合理、传承创新、主体收益。民族文化资源的开发，要突出民族文化的特色，充分体现继承与创新、传统与现代、民族特色与时代精神的结合，使民族传统文化在开发中获得新的生机和活力。（2）民族文化的健全保障机制。推进民族传统文化的整体性、有效性、长期性。民族文化保护和传承，是一项需要大量资金支撑的事业，政府必须保证经费投入，建立起长期有效的资金保障机制，同时积极吸纳社会各方面的资金，确保民族文化保护、传承工作必要的物质基础。（3）民族文化人才培养机制。包括建立民族文艺团体和文艺研究机构，培养少数民族文艺人才，举办全国性的文艺会演、评奖、比赛、展览、观摩活动，加强文化基础设施建设等。

二、经济帮扶类民族团结横向财政转移支付

此处的经济帮扶类民族团结横向财政转移支付主要针对人口较少民族和民族地区的经济发展。

1. 缘由。在我国 55 个少数民族中，有 22 个少数民族的人口在 10 万以下，统称少数民族地区。由于自然条件、历史等方面的原因，22 个少数民族地区不仅人口数量少，而且经济社会发展总体水平还比较落后，贫困问题仍然突出，医疗卫生条件较差。

2. 意义。加快人口较少民族和民族地区经济社会发展，是逐步缩小各地区之间发展差距，逐步消除各民族间事实上不平等，最终实现各民族人民共同繁荣发展的必然要求。扶持人口较少民族大力发展，不仅有利于我国各民族的团结和国家的稳定，也有利于维护跨境民族国家之间的睦邻友好关系。增强人口较少民族与各民族的凝聚力和向心力，改善边疆地区民族关系，加强民族团结，激发人口较少民族群众的爱国热情，维护祖国统一，保持国家的稳定。

3. 内容：（1）消除经济发展差距，包括地区人均 GDP 发展差距、城乡收入差距、城乡公共服务发展差距。（2）消除人类发展差距，包括生活水平差距、生活质量差距。（3）消除社会发展差距，包括教育差距、信息差距、技术差距、医疗卫生差距、交通运输差距、体制差距、观念差距、生态环境

差距。其中，最大的发展差距是社会发展差距。

三、智力扶持类民族团结横向财政转移支付

1. 缘由。目前我国东部与西部少数民族地区的经济发展差距正在扩大。虽然西部民族地区也保持了连年的经济增长，但是东部地区的经济发展速度远远高于西部。两者的差距归根结底是人力资源的开发及其潜能的充分发挥程度的差异。

2. 意义。少数民族地区这些潜在的资源优势能否转化成现实的优势，关键在于这个地区人才队伍素质的提高及其作用能否得到充分的发挥。所以，少数民族地区人才资源开发，无论是对少数民族地区，还是加快西部民族地区经济社会的全面发展、建设和谐的社会主义国家等都具有重要的意义。

3. 内容：（1）举办民族班。民族班的学生，在学习、生活上都享受适当的照顾。（2）国家鼓励引导高校毕业生到民族地区工作。选派优秀青年科技人才到西部地区、革命老区和少数民族地区服务锻炼，为西部地区提供人才和智力支持。（3）对口支援西部高校，加强特色学科建设和学位建设，支持民族地区发展高等教育。

四、民族交流类民族团结横向财政转移支付

1. 缘由。新中国成立伊始，国家就提出要普遍而大量地培养少数民族干部。为此，国家专门创办了培养少数民族干部的民族院校。此外，国家还先后开办了许多少数民族干部训练班、干部学校，并在普通高校举办民族班，不断加大少数民族干部的培养力度。

2. 意义。加强少数民族干部和人才队伍建设。少数民族干部和人才是少数民族中的优秀分子，他们熟悉本民族的语言、历史、传统和风俗习惯，熟悉当地政治、经济、文化的特点，是政府联系少数民族群众的重要桥梁和纽带。少数民族干部和人才的状况，是衡量少数民族发展进步的重要标志。

3. 内容：（1）干部交流、岗位轮换，选派大批少数民族干部到内地、基层、上级领导机关任职或挂职锻炼，让少数民族干部在实践中增长才干，为民族地区培养领导干部和科技、经济管理人才。（2）选派大批内地发达地区干部到民族地区任职或挂职锻炼，带去先进的思想和技术。

第五节 民族团结类横向财政转移支付的经验借鉴、现实基础和运行机制

一、经验借鉴

(一) 德国的团结公约

两德统一后，为尽快缩小东德（民主德国）、西德（联邦德国）之间的发展差距，德国联邦政府从 1990 年实施的"紧急救援计划"，到 1995 年的《团结公约》，再到 2005 年《团结公约》二期，根据不同时期的发展需要，分阶段制定了促进新联邦州的投资和发展计划。由基础设施改善入手，逐渐向科研、文化、教育、环保领域扩展，逐渐形成了涵盖 15 个领域的、完善的资助政策体系。

1. 德国统一基金。该基金是 1990 年按照"紧急救援计划"，以财政和金融的方式筹集和设立的为期 5 年的专项基金，数额高达 1600 亿马克，其中 700 亿马克为联邦及各州政府拨款，其余 900 亿马克通过金融市场借贷，债务由联邦政府和原属西德的 11 个州各负担一半。

2. 《团结公约》一期。从 1995 年实施至 2004 年结束，总数 1000 亿欧元，用于改善东部地区的基础设施及经济结构。《团结公约》二期。自 2005 年生效，至 2019 年结束，是在实施《团结公约》一期的基础上，按照公约有关内容，联邦政府继续向东部地区提供大约 1560 亿欧元的财政资助。1991 年起，德国每个公民和企业都需要缴纳所得税的 5.5% 作为团结税，用于东部经济建设。1995 年起实施的《团结公约》一期规定，德国各联邦州和地方政府须为东部的基础设施建设提供 945 亿欧元资金，2005 年生效的《团结公约》二期将持续到 2019 年，资金规模达 1560 亿欧元。统计显示，德国西部每年的净转移支付约为德国 GDP 的 4% ~5%，占德国东部 GDP 的近 1/3，至 2018 年总额已达 1.6 万亿欧元。

这些资金的支持主要集中在以下领域：（1）促进新联邦州提高经济增长能力的投资补助。（2）帮助就业政策，即对长期雇用新联邦州人员的企业，由联邦政府提供补助。（3）教育及在职教育，主要针对东部新州年青人，鼓励企业对他们进行再就业培训。（4）对科研机构和大学的支持，主要通过联

邦政府设立基金帮助新联邦州购买研究及教学设备。（5）对新联邦州基本设施的建设，如道路等。（6）促进新联邦州非城市农村领域的发展。（7）处理原东德工业区污染问题。（8）加强民众统一心理的建设，消除种族歧视。

（二）欧盟一体化进程中的团结基金

1991 年制定的《欧洲联盟条约》提出建立经货联盟，欧洲理事会考虑到经货联盟的运作对于扩大贫富差距的影响，根据西班牙、葡萄牙、爱尔兰、希腊等四国的要求建立了团结基金，希望对因欧洲货币联盟带来的两极分化的负面作用进行补偿，以此帮助四个穷国赶上其他富裕的成员国。事实证明，该项基金运行效果显著。

团结基金对受援国援助的领域主要是环境工程和交通基础设施工程，此外还少量用于技术援助。这为环欧交通运输网络的建设、当地扩大就业和促进经济发展发挥了积极工作。根据《欧洲联盟条约》规定，欧盟于 1993 年颁布了关于设立凝聚融资工具的条例，并于 1994 年 5 月设立了团结基金。团结基金是一项具有扶贫性质的基金，旨在加强欧盟的经济和社会团结，加强成员国经济政策上的协调。团结基金规定只为人均国民生产总值低于共同体水平 90％ 的成员国提供援助。

二、现实基础

（一）中国民族和谐发展基金

中国民族和谐发展基金由中国留学人才发展基金会主管，民政部备案，是以《中华人民共和国宪法》为依据，以《中共中央关于构建社会主义和谐社会若干重大问题的决定》为指导，围绕各民族共同团结奋斗、共同繁荣发展的主题，致力于广泛开展民族团结进步活动，巩固和发展平等、团结、互助、和谐稳定的社会主义民族关系设立的一项社会公益基金。

基金宗旨：维护国家安全，民族和谐，社会稳定，人才国强。

主要业务范围：（1）依据《中共中央关于构建社会主义和谐社会若干重大问题的决定》精神、方针、政策，支持和谐社会工程建设，维护社会和谐稳定，促进各民族共同团结，维护国家统一。（2）支持民族科技、教育、文化、艺术等方面的学术研究、培训、交流；支持海外少数民族留学人员回国创业或以多种形式为国家服务；支持优秀的少数民族干部进修与培训。

（3）组织专家、学者到各民族地区进行社会考察和社会调研工作。（4）支持各界人士为民族和谐、民族发展献计献力。（5）支持少数民族区域的经济发展与繁荣，以理念先行促社会管理创新。（6）支持中国公共安全战略研究，化解社会矛盾，稳定社会战略研究课题。（7）支持公益律师用法律化解民族矛盾与冲突，维护民族和谐稳定。（8）奖励在民族团结、社会和谐方面作出突出贡献的各民族精英人物。（9）支持从事经营民族特色产业的品牌打造与企业发展。（10）支持以宣传民族和谐为主题的社会公益活动。（11）资助符合基金宗旨的其他社会公益活动。

（二）深圳民族文化传承与发展基金

该基金是我国关注民族贫困、民族教育、济困扶孤情况，关注民族特色文化与非物质文化遗产现状与发展的慈善公益基金之一，以"用爱心传承民族文化，以慈善发展民族共荣"为使命，由深圳市慈善会发起，经广东省深圳市民政局正式审核通过，是具有公募资格的冠名基金。

基金以"呼吁、唤醒公民保护和弘扬民族文化的意识及责任，关心、关注民族文化中需要帮助的特色文化的建设和弱势群体的扶持，支持、推进贫困少数民族地区民生改善为宗旨，并进行公益性、非营利的管理和运营。

基金宗旨：（1）开展和资助有利于贫困地区及民族发展的青少年教育和扶孤济困项目。（2）支持和资助具有重要性和紧迫性的特色民族文化的保护及发展，关注非物质文化遗产传承。（3）呼吁和唤醒公民保护和弘扬民族文化意识与责任，推进慈善公益理念的传播。

基金投入方向：（1）支持和资助具有重要性和紧迫性的特色民族文化的保护及发展；（2）策划和组织旨在弘扬和发展民族文化的文化交流项目；（3）支持和资助少数民族及贫困地区生活保障基础工程建设；（4）支持和资助少数民族及贫困地区基础医疗设施建设、贫困重症病患救助；（5）开展和资助有利于少数民族及贫困地区发展的青少年教育及养老项目；（6）资助和表彰在促进民族文化传承与发展方面作出突出贡献的个人和团体；（7）关注和促进公民公益意识的培养、环境保护与绿色产业的建设；（8）普及社会慈善理念，加强慈善事业宣传与公益项目的推广；（9）扶贫济困、救孤助残、赈灾救援、抗击疫情等社会公益慈善项目；（10）其他捐赠人特别指定并符合本基金会宗旨的项目。

三、运行机制

根据上文的分析，借鉴国际经验，总结我国本土实施的民族团结类公益基金的做法，本书认为，为保证有中国特色民族团结类横向财政转移支付的顺利推进，必须建立有中国特色的"民族团结基金"，作为我国民族团结类横向财政转移支付的运行平台。

中国特色的民族团结基金应该包括：民族文化保护基金、民族对口教育扶持专项基金、人口较少民族发展专项基金、民族交流专项基金。其资金来源及运作方式如下：

1. 政府投入。包括地方政府以及中央部委等，按照自愿和可支配财力情况投入资金。当然，必须严格规定资金的用途。民族团结基金主要用于民族团结进步事业创建活动项目的支出，重点用于民族团结创建、宣传教育和民族团结进步表彰活动。其使用范围包括：开展民族团结进步创建活动，包括民族团结示范点建设；开展民族团结宣传教育活动，包括民族团结进步教育基地建设；开展民族团结进步表彰活动；开展民族法律法规及民族政策宣传，包括印制宣传资料等。

2. 社会捐赠。主要是发挥非政府组织及个人的捐款。比如天津天狮集团总裁李金元向少数民族地区及少数民族同胞专项捐赠约 4 亿元支持、开发、帮助西部地区和少数民族赶上时代的步伐，共同发展、共同致富。

3. 市场筹措。即通过基金市场来筹集民族团结基金，主要是通过公募基金方式。客观地说，目前我国的公募基金是最透明、最规范的基金。公募基金的资产安全性较高，也容易为社会公众接受。

总 结 及 建 议

中国是一个多民族国家，多民族共存和发展是国家存续和发展的合法性基础。因此，有中国特色的民族帮扶类的横向财政转移支付制度应该科学设计，最终为实现民族繁荣和团结服务。

首先，遵循科学规范的原则。制度设计是否科学、是否规范是决定该项制度能否生存的必备条件。因此，民族团结类横向财政转移支付无论是在目标的制定、方案的设计、基本框架的构筑，还是最终制度的实施都要做到科学化、规范化，每一个章节都必须从我国的国情出发。科学规范化的民族团结类横向财政转移支付，不仅要求分清受援方的财权与事权，还要明晰支援方的财权和事权，财政转移双方的职责要分工明确，职能要定位准确，财政转移每个步骤的实施和运作都要有严格的立法保障，同时还要有专门的横向财政转移评价监督机构，确保横向财政转移支付在法治化的轨道上科学规范的运行。

其次，遵循公平公正的原则。在测定收入能力和分配转移支付资金时，要从制度和计量方式上保证对不同地区一视同仁。政府间的民族团结类横向财政转移支付要体现公平与公正，这样才能保障制度的运行深得民心，才能确保横向财政转移支付公正合理。制度做到公平与公正，既有利于地区间更好的协同发展，也有利于发挥支援方最大的帮扶带作用，同时也有利于刺激受援方发挥其造血的功能。

再次，遵循公开透明的原则。民族团结类横向财政转移支付包括对民族地区的经济、科技、教育、医疗、文化方面给予大规模的援助，这既有人才智力援助，也有基建设施和重大项目援助。项目援助的实施过程也应该随时接受人民大众的监督，做到公开透明；民生工程项目的实施既要保证质量，还要注重效率，不铺张浪费，不搞形象工程。

最后，制度的实施应循序渐进。民族团结类横向财政转移支付的实施对财政主体来说可能不太适应，这需要一个过渡的阶段。

第十章 我国横向财政转移支付绩效评估体系

第一节 横向财政转移支付绩效评估的理论基础及其现实意义

一、绩效、财政绩效定义

绩效一词在管理学中被引申为"成绩""成果""效益",最早用于投资项目管理、人力资源管理等方面,后来又被运用到公共管理中。绩效是一个相对概念,相对于经济体制,相对于国家规模,相对于主流文化,相对于政府管理水平,当然也相对于特定经济部门。用在经济管理活动方面,是指社会经济管理活动的结果和成效;用在公共部门中来衡量政府活动的效果,则是一个包含多元目标在内的概念。

政府绩效管理的目标应包含三方面内容:一是提升经济绩效。经济的发展不仅是经济数量上的扩张,重点是在优化结构的前提下,注重质量的提升。二是提升社会绩效。重点是在加快经济发展的同时,实现社会的全面进步,包括切实改善民生、社会治安状况良好、社会群体及人与人之间和谐有序等。三是提升政治绩效。重点是提供高质量的制度安排和制度创新,包括为社会提供发展方向的导向、规则和秩序,以及依法行政、廉洁高效等内容。

财政绩效是对财政预算管理水平、财政资金投入与产出结果的比较分析,其本质是政府财政能力的具体体现。一般来说,政府财政绩效可以理解为财政收支活动的完成情况与既定目标的差距分析,主要有收入绩效、支出绩效、管理绩效等。最重要的是支出绩效,最能体现财政的功能及其实现程度。

财政支出绩效评价就是运用科学的方法、标准和程序，对财政支出活动的业绩、成就作出的评估，在此基础上对财政绩效进行改善和提高。当前的财政绩效评估内容主要包含经济性、效率性和有效性三个基本范畴。

绩效预算又称效率预算，指由政府部门在明确需要履行的职能和需要消耗的资源的基础上确定绩效目标，编制绩效预算，并用量化的指标来衡量其在实施过程中取得的业绩和完成工作的情况。

二、横向财政转移支付绩效评估概念及性质

横向财政转移支付绩效评估就是从经济性、效率性、效益性、公平性、回应性、服务质量、公共责任和公众满意程度等纬度，对横向财政转移支付的目标、投入、过程、结果、影响等方面进行科学、客观、公正的衡量比较和综合评判的一项重要制度。其最终目的就是通过绩效评估，加强与完善横向财政转移支付机制，提高政府间横向使用公共资源、提供公共服务等方面的能力。横向财政转移支付评估的特点有：

第一，从内容上看，既包括横向财政转移支付的目标、投入、过程、结果、影响等方面的评估，也包括对绩效目标、投入过程、产出结果、财务管理、持续影响力以及配置和实施效率的衡量比较和综合评判。

第二，从评估过程看，横向财政绩效评估包括对支援地的评估，也包括对受援地的评估。

第三，从评估功能看，横向财政转移支付绩效评估体现一种以结果为导向的控制，谋求判断横向财政转移支付制度存在的价值和意义，进一步使支援省份政府职能具体化、目标明确化。

第四，从最终目的看，横向财政转移支付绩效评估的最终目的就是加强与完善公共责任机制，提供不同区域间公共服务均等化的能力，促进我国区域间协调发展。

三、横向财政转移支付绩效评估的理论基础

1. 可持续发展理论。可持续发展，系指满足当前需要而又不削弱子孙后

代满足其需要之能力的发展，可持续发展还意味着在发展计划和政策中纳入对环境的关注与考虑，而不代表在援助或发展资助方面的一种新形式的附加条件。所以，横向财政转移支付不应仅仅注意经济效果，还应当考虑到社会经济、政治、环境以及人类的协调和可持续发展，这给横向财政转移支付提供了方向体系。

2. 委托代理理论。如果当事人双方有代表委托人的利益行使某些决策权，就产生了委托代理关系。就社会公众和政府关系而言，纳税人交税保障政府运行，政府提供公共产品为纳税人服务。这样就使社会成员和政府形成了委托代理关系。在此关系中，委托人也需要通过绩效评价来进行监督和考核代理人。

3. 利益集团理论。这种理论把政府规模的增长归因于利益集团的存在和行动。该理论认为，在多数投票规则下，利益集团的存在是政府规模增长的原因。米勒、默雷尔（1985）和奥尔森（1982）在研究中也都得出利益集团促成政府增长的结论。他们认为，一个国家利益集团越多，政府支出规模就越大；稳定的经济和政治环境有利于利益集团的成长，而利益集团的增加又使得政府支出更加扩大。

4. 公共财政理论。公共财政是国家为市场经济提供公共服务而进行的政府分配行为，其分配具有公共性和非市场盈利性两个基本特征。横向财政转移支付其实就是为了实现各地之间经济和社会协调发展，从而能达到社会福利最大化的目标，这是公共财政的永恒主题。从这个角度看，提高横向财政转移支付绩效也是公共财政的体现和要求。

四、横向财政转移支付绩效评估的现实意义

1. 推动财政管理方式的转变。通过横向财政转移支付绩效评价工作，体现了财政管理的效益优先原则，改变过去财政粗放式管理的弊端，能够提高资源的配置效率和利用效益。

2. 提高财政运行质量。通过财政绩效评价分析和实时监控，可以使财政运行质量不断改善，财政的社会保障能力不断提高，将有力地促进地方经济和社会各项事业的发展，增强抵抗各种风险冲击的能力，实现财政的稳固运行。

3. 推动政府职能转变，增强财政支出的公共性和决策民主化。财政绩效

评价的推行必然要求规范政府职能，促使政府以绩效为约束，逐步退出政府支出配置效益不高而市场配置效益高的领域，加快政府职能向服务型转变，为社会提供有效的公共品。

4. 推进财政管理的精细化。横向财政转移支付绩效评价是实现财政科学化、精细化管理的重要手段，对重新构建适应社会主义市场经济体制的财政管理体制、财政管理理念以及模式，具有重要现实意义。

5. 绩效评估帮助改进政府决策和管理。横向财政转移支付绩效评估制度为政府提供了可测量的绩效信息，为政府科学决策提供了重要依据，成为政府日常监督的高效工具。

第二节　横向财政转移支付绩效评估整体框架

横向财政转移支付绩效评估体系主要包括绩效评估的制度体系、指标体系、标准体系和方法体系。绩效评价的前提是确立评价主体、确定评价内容，然后再据此确定指标体系、标准体系和方法体系的建设等，最后得出结论及建议。

一、横向财政转移支付绩效评价的主体

评价主体就是负责对横向财政转移支付绩效进行评价的机构或单位。借鉴国外经验，本书认为，横向财政转移支付绩效评价主体主要包括立法机构、国家审计机构、各级财政部门、社会中介机构、具有专业判断能力的专家组、社会公众等。

二、横向财政转移支付绩效评价的指标体系

对任何政府财政绩效评价的指标体系可以分为三个层次，即在最基础层次（第一层次）上以效率为指标体系，在第二个层次上以公平为指标体系，最后也是最高层次上以人的自由全面发展为指标体系。

第一层次是以物的发展程度为标志的效率指标体系，看它能不能保障社会持续、健康、高效的发展。因此，能否提高效率，能否推进生产力的发展，

是判定制度优劣的首要指标体系。

第二层次的指标体系是在社会效率的基础上实现公平。公平是社会主义制度体系的基本建构原则和价值理念，从中国当前的情况看，在兼顾效率与公平的前提下，应把公平放在更为突出的位置。

第三层次的指标体系即制度评价的终极指标体系是每个人的自由全面发展。应该说人的全面发展作为社会发展的终极目的，也是判断一项制度价值的最高指标体系。

具体到我国横向财政转移支付，按照"公众需求"和围绕"结果导向"的原则，本书认为，评估的指标体系必须包含如下分支体系：

第一，政治绩效指标体系。在市场经济条件下，政府的核心职能就是制定市场游戏规则和安排社会秩序，制度安排的能力越强，政府的政治绩效就越容易体现。

第二，经济绩效指标体系。经济绩效主要体现为国民经济持续发展上，既包括量上的扩张，也包括经济结构合理化上的质的扩张，还包括政府制定宏观经济政策调控经济的能力。

第三，社会绩效指标体系，就是社会的稳定和发展。根据发展经济学原理，社会发展不仅是经济的增长，而且是社会的全面进步。社会绩效的主要指标包括安全与犯罪、公平与正义、贫困与福利、稳定与动乱以及文化的进步与繁荣。由此可见，政府绩效是一个综合性的、宏观的概念，它不但包括政绩方面，还包括政府成本、政府效率、政治稳定和社会进步等。

三、横向财政转移支付绩效评价的标准体系

横向财政转移支付绩效评价标准是指以一定量的有效样本为基础，测算出来的标准样本数据，用来衡量和评价横向财政转移支付绩效水平。横向财政转移支付绩效评价标准按照标准的取值基础不同，分为行业标准、计划标准、经验标准和历史标准四种类型。

1. 行业标准。行业标准是以一定行业许多群体的相关指标数据为样本，运用数理统计方法计算和制定出该行业的评价标准。采用行业标准便于进行横向的比较分析，并为加强后期管理提供科学标准。

2. 计划标准。计划标准是指以事先制定的目标、预算、定额等预定数据

作为评价横向财政转移支付绩效的标准体系。主要目的是通过将实际完成值
与预定标准进行对比，发现距离并采取纠偏措施。

3. 经验标准。该标准根据长期财政经济活动实践，由财政管理专家学
者，经过严密分析得出的有关指标标准。一般说来，经验标准具有较强的公
允性和权威性，但适用范围比较局限，而且其计算过程晦涩难懂。

4. 历史标准。历史标准是以历史数据作为基准，运用统计方法计算出的
各类指标的平均历史水平。实际运用时要注意对历史标准进行及时的修订和
完善，尤其要注意剔除价格变动、数据口径不一致和核算方法改变所导致的
不可比因素，以保证历史标准符合客观实际情况。

四、横向财政转移支付绩效评价的方法体系

1. 比较分析法。主要是横向比较分析方法，就是对不同评价客体进行横
向比较，可以对不同地区结构绩效进行比较，也可以用我国的数据和国际上
其他国家进行比较。对具体项目支出绩效进行评价时，可以对同类项目进行
比较，对不同方案进行比较。

2. 成本—效益比较分析法。即将一定时期内项目的总成本与总效益进行
对比分析的一种方法，选择最优的支出方案。该方法适用于成本和收益都能
准确计量的项目评价，如公共工程项目等，但对于成本和收益都无法用货币
计量的项目则无能为力。必须指出的是，那些以社会效益为主的支出项目不
宜采用此方法。

3. 目标评价法。该方法是将财政运行实际实现的效果与预期效果之间进
行比较，评估其偏离程度。此方法可用于对预算目标实现情况评价，也可用
于周期性较长的财政支出项目的阶段性效果评价。

4. 因子分析法。因子分析法是统计分析方法之一，是指当某个指标同时
受两个或两个以上因素变动影响时，分析各因素对该指标变动的影响方向和
程度，以便找出主要矛盾和矛盾的主要方面。

5. 层次分析法。层次分析法特别适用于那些难以完全定量分析的问题，
尤其是能将人们的思维过程数学化、系统化，便于人们接受。但对评价问题
的本质、包含要素及其相互之间的逻辑关系的掌握要求很高。

6. 公众评判法。对于无法直接用指标计量其效益的支出项目，可以选择
有关专家进行评估并对社会公众进行问卷调查，以评判其效益，具有民主性

特点，但应用范围有限且有一定模糊性。

第三节　我国横向财政转移支付绩效评估的指标体系
——基于因子分析法

一、横向财政转移支付绩效评估指标体系构建的一般原则

1. 目标一致性原则。横向财政转移支付绩效评估的目的是多层次性的，这就要求有一定层级的绩效评估指标与之相对应。这个多层次性也体现了政府目的的多样性。

2. 可行性原则。横向财政转移支付绩效评估指标体系应结合我国的实际来制定，这些指标不宜太高，尽可能可以得到和比较。

3. 可比性原则。指的是指标必须进行横向和纵向的比较分析，要保证各指标间内涵和外延都具有相互独立性，否则无法比较。

4. 完整性原则。评估指标是互相联系和互相制约的，必须根据经济规律尽可能地选出能客观反映横向财政转移支付绩效的指标，不能避重就轻地挑选指标，以期体现出很强的整体性。

5. 真实性原则。各指标能真实客观地反映实际情况。从某种意义上讲，评价财政支出绩效，就是评价政府职能的实现程度，而体现政府职能实现程度的相关指标，大部分都是来源于政府各部门，这就不可避免地出现某些部门为了自身利益，对某些指标进行扭曲的行为。

二、使用方法简介——因子分析法

因子分析法是从研究变量内部相关的依赖关系出发，把一些具有错综复杂关系的变量归结为少数几个综合因子的一种多变量统计分析方法。它的基本思想是将观测变量进行分类，将相关性较高，即联系比较紧密的变量分在同一类中，每一类变量实际上就代表了一个基本结构，即公共因子。

因子分析模型描述如下：

（1）$X = (x_1, x_2, \cdots, x_n)$，$\phi$ 是可观测随机向量，均值向量 $E(X) = 0$。

（2）$F = (F_1, F_2, \cdots, F_m)$，$m < n$，其均值向量 $E(F) = 0$，协方差矩阵

$Cov(F)=1$,即向量的各分量是相互独立的。

（3）$E=(e_1,e_2,\cdots,e_n)$,φ 与 F 相互独立，且 $E(E)=0$,各分量 e 之间是相互独立的，则模型：

$$x_1 = a_{11}F_1 + a_{12}F_2 + \cdots + a_{1m}F_m + e_1$$
$$x_2 = a_{21}F_1 + a_{22}F_2 + \cdots + a_{2m}F_m + e_2$$
$$\vdots$$
$$x_n = a_{n1}F_1 + a_{n2}F_2 + \cdots + a_{nm}F_m + e_n$$

称为因子分析模型，由于该模型是针对变量进行的，各因子又是正交的，所以也称为 R 型正交因子模型。其矩阵形式为：

$$X = AF + E$$

我们把 F 称为 X 的公共因子或潜因子，矩阵 A 称为因子载荷矩阵，e 称为 X 的特殊因子。

$A=(a_{ij})$,a_{ij} 为因子载荷，就是第 i 变量与第 j 因子的相关系数，反映了第 i 变量在第 j 因子上的重要性。模型中 F_1,F_2,$\cdots$,F_m 叫作主因子或公共因子，它们是在各个原观测变量的表达式中都共同出现的因子，是相互独立的不可观测的理论变量。e_1,e_2,$\cdots$,e_m 叫作特殊因子，是向量 x 的分量 x,$i(i=1$,2，$\cdots$,n) 所特有的因子，各特殊因子之间以及特殊因子与所有公共因子之间都是相互独立的。模型中载荷矩阵 A 中的元素 (a_{ij}) 是为因子载荷。因子载荷 a_{ij} 是 x_i 与 F_j 的协方差，也是 x_i 与 F_j 的相关系数，它表示 x_i 依赖 F_j 的程度。可将 a_{ij} 看作第 i 个变量在第 j 公共因子上的权，a_{ij} 的绝对值越大表明 x_i 与 F_j 的相依程度越大，或称公共因子 F_j 对于 x_i 的载荷量越大。

建立因子分析模型还需要进行因子旋转，通过旋转得到满意的主因子，最常用的方法是最大方差正交旋转法。因子旋转过程中，如果因子对应轴相互正交，则称为正交旋转。因子分析模型建立后，还要对因子分析模型进行综合评价。

总之，因子分析的计算过程如下：（1）将原始数据标准化，以消除变量间在数量级和量纲上的不同；（2）求标准化数据的相关矩阵；（3）求相关矩阵的特征值和特征向量；（4）计算方差贡献率与累积方差贡献率；（5）确定因子；（6）因子旋转；（7）求各因子得分及得分排序。

三、我国横向财政转移支付指标体系确立

(一) 指标体系初步构建

根据目前财政绩效评估的成功做法，本书根据财政绩效的政治维度、经济维度、公平维度，建立如表 10-1 的横向财政转移支付绩效评估指标体系。

表 10-1　　　　　　　　我国横向财政转移支付绩效评估指标体系

一级指标	二级指标	三级指标	
横向转移支付绩效 X	经济绩效 X_1	人均 GDP 增速变异度	X_{11}
		人均消费增长率变异度	X_{12}
		贫困人口比重变异度	X_{13}
		人均可支配收入增长率变异度	X_{14}
		财政自给率变异度	X_{15}
	政治绩效 X_2	民族人口增长率变异度	X_{21}
		对中央政府满意度变异度	X_{22}
		对兄弟省份满意度变异度	X_{23}
		对本民族发展状况满意度变异度	X_{24}
		民族冲突事件发生率变异度	X_{25}
	公平绩效 X_3	基础教育师生比增长率变异度	X_{31}
		基础教育巩固率变异度	X_{32}
		万人医护人员增长率变异度	X_{33}
		财政社保支出增长率变异度	X_{34}
		农村低保人口增长率变异度	X_{35}
		自来水普及率变异度	X_{36}
		公共文化活动数变异度	X_{37}
		公路密度系数变异度	X_{38}

(二) 数据处理方法

变异度即变异系数，又称"标准差率"，变异系数是衡量资料中各观

测值变异程度的另一个统计量。当进行两个或多个资料变异程度的比较时，如果度量单位与平均数相同，可以直接利用标准差来比较。如果单位和（或）平均数不同时，比较其变异程度就不能采用标准差，而须采用标准差与平均数的比值（相对值）来比较。标准差与平均数的比值称为变异系数，记为$C \cdot V$。变异系数可以消除单位和（或）平均数不同对两个或多个资料变异程度比较的影响。变异系数的计算公式为：$CV = \sigma/\mu$。

（三）数据来源

本书研究的资料主要来源于：《中国统计年鉴》（1993～2018），中国统计出版社；《新疆统计年鉴》（1993～2018），新疆人民出版社；《中国教育统计年鉴》（1993～2018），中国统计出版社；《中国卫生统计年鉴》（1993～2018），中国卫生出版社；《中国卫生人口和就业统计年鉴》（1993～2018），中国卫生出版社；《中国固定资产投资统计年鉴》（1993～2018），中国统计出版社；《中国教育经费统计年鉴》（1993～2018），中国教育出版社；《新中国60年统计年鉴》（1993～2018），中国统计出版社；《中国民政统计年鉴》（1993～2018），中国统计出版社。

（四）因子检验

按照前文介绍的因子分析方法，我们采用X_{11}～X_{38}等23个指标，对我国东、中、西三大区域上述指标进行信度分析和适当性检验（数据可以参考第三章），结果如表10-2所示。

表10-2　　　　　　　　　　　信度检验和适当性检验结果

信度检验	适当性检验	
Cronbach'α 系数	Bartlett 检验	KMO 检验
0.7420	卡方值：1876.24；P值：0.000	0.768

这里的 Cronbach'α 系数为 0.742，属于高信度区域，所以可以认为这些指标存在内部一致性。从 Bartlett 检验得到的 P 值可知，该检验已经通过。KMO 系数为 0.768，大于 0.7，说明变量间相关性较高。选用主成分分析法提取公共因子，进行因子分析后的结果如表10-3所示。

表 10 - 3　　　　　因子分析结果：对公共因子的特征根以及方差贡献率

变量	初始特征值及方差贡献率			未旋转提取因子的载荷平方和			旋转后提取因子的载荷平方和		
	特征值	贡献率	累计	特征值	贡献率	累计	特征值	贡献率	累计
X_1	9.277	54.569	54.569	9.277	54.569	54.569	6.051	35.593	35.593
X_2	3.838	22.574	77.142	3.838	22.574	77.142	4.994	29.379	64.972
X_3	1.913	14.251	91.394	1.913	14.251	91.394	3.982	28.625	93.598

从分析的结果看，根据特征值大于 1 的原则，选入三个因子，名之为 X_1、X_2、X_3。未旋转时，这三个公共因子的累计方差贡献率为 88.39%。旋转后，三个公共因子贡献率高达 93.598%。为更加精确化，又进行了方差最大化正交旋转，经过五次旋转后，得到的载荷矩阵如表 10 - 4 所示。

表 10 - 4　　　　　　　　　　　旋转后因子上的载荷量

变量	因子 X_1	因子 X_2	因子 X_3	变量	因子 X_1	因子 X_2	因子 X_3
X_1	-0.164	-0.081	0.949	X_{13}	0.235	0.949	-0.178
X_2	-0.115	-0.155	0.962	X_{14}	0.325	0.921	-0.102
X_3	0.070	-0.004	0.836	X_{15}	0.330	0.913	-0.046
X_4	0.284	-0.108	0.813	X_{16}	0.840	0.596	-0.053
X_5	-0.207	-0.084	0.841	X_{17}	0.762	0.061	0.042
X_6	0.935	0.283	-0.019	X_{18}	0.225	0.847	-0.157
X_7	0.956	0.204	-0.009	X_{19}	0.157	0.957	-0.116
X_8	0.867	0.435	-0.086	X_{20}	0.463	0.664	-0.137
X_9	0.860	0.489	-0.073	X_{21}	0.228	0.764	0.167
X_{10}	0.866	0.472	-0.075	X_{22}	0.755	0.066	0.047
X_{11}	0.860	0.443	-0.087	X_{23}	0.738	0.088	0.075
X_{12}	0.264	0.950	-0.120				

从表 10 - 4 可以看出，主因子 X_1 主要表示经济均等情况，主因子 X_2 主要表示对政府满意程度等情况，主因子 X_3 主要表示公共服务均等化情况。我们发现，横向财政转移支付指标体系能较好解释其运行绩效。

第四节　基于层次分析法的我国横向财政转移支付绩效评估
——以对口援疆为例

一、层次分析法简介

层次分析法基本原理是通过对系统的多个因素的分析，划分各个因素间相互联系的有序层次，再对每一层次的各因素给出客观的判断，从而得到定量性的表示。其基本原理是构造并求解比较判断矩阵，算出各个层次全部因素的权值，最后得出评价结果。在运用层次分析方法赋权时，本书首先对准则层内的各个单独指标赋权，而后在大系统内对各准则层指标赋权。

赋予权重的具体步骤如下：

（一）指标赋权

1. 应用 Saaty 的 1 ~ 9 标度法来反映指标间的相对重要程度，如表 10 – 5 所示。

表 10 – 5　　　　　　　　　　Saaty 的 1 ~ 9 标度法

相对重要	定义	说明
1	相等重要	两者对目标贡献相同
3	稍微重要	稍有差异
5	基本重要	有差异
7	确实重要	差异明显
9	绝对重要	重要性差异
2、4、6、8	相邻两程度之间	需要折中时使用

表 10 – 5 反映了 I 指标相对于 J 指标的比较得分，用 $a_{ij} = a_{ji}^{-1}$ 表示。在一个指标集合里面，通过指标对比来确定彼此的重要程度。如果 I 指标和 J 指标同等重要，则取 1；如果 I 指标比 J 指标绝对重要，则可取满分 9。在 1 ~ 9 的范围内，取值越大，表明一个指标相对于另一个指标来说越重要，反之亦然。根据该原理，得以下判断矩阵：

$$A = \begin{bmatrix} a_{11} & a_{12} & \cdots & a_{1n} \\ a_{21} & a_{22} & \cdots & a_{2n} \\ a_{31} & a_{32} & \cdots & a_{3n} \\ \vdots & \vdots & \vdots & \vdots \\ a_{n1} & a_{n2} & \cdots & a_{nn} \end{bmatrix} = (a_{ij})_{n \times n}$$

2. 计算比较矩阵的最大特征根及其对应的特征向量，并进行一致性检验。

根据上面所得到的判断矩阵 $A = (a_{ij})_{n \times n}$，通过几何平均法对其计算，求解出特征向量和一致性检验，方法如下：

（1）求解特征向量。计算判断矩阵中每一行元素的连乘，求其几何平均数，对$\overline{W}_i$标准化，用一个 n 维向量$(\overline{w}_1, \overline{w}_2, \cdots, \overline{w}_n)'$，其中$\overline{w}_i$就为所求特征向量（权重向量）的第I各分量。

$$\overline{W}_i = \sqrt{\prod_{j=1}^{n} u_{ij}} \qquad i = 1,2,3,\cdots,n$$

$$\overline{w}_i = \frac{\overline{W}_i}{\sum_{i=1}^{n} \overline{W}_i} \qquad i = 1,2,3,\cdots,n$$

（2）一致性检验。为了分析权数分布的合理性和可靠性，还需要对其进行一致性检验。其检验公式为：

$$\lambda_{\max} = \frac{1}{n} \sum_{i=1}^{n} \frac{\sum_{j=1}^{n} a_{ij} \times \overline{w}_i}{\overline{w}_i}$$

$$CI = \frac{\lambda_{\max} - n}{n - 1}$$

$$CR = \frac{CI}{RI}$$

其中，$\lambda_{\max}$为最大特征根，CI 为偏差一致性指标，RI 为平均随机一致性指标，可查表得（见表 10-6）。CR 为随机一致性比率，当 $CR < 0.1$，可以认为判断矩阵 A 具有较优的一致性，说明赋权是合理的。如果不满足，则需要

对 A 进行调整，直到获得满意的一致性指标为止。

表 10 - 6   平均随机一致性指标 RI

n	1	2	3	4	5	6	7	8	9
RI	0	0	0.85	0.94	1.12	1.24	1.32	1.41	1.45

（二）准则层赋权

指标层中的各个指标赋权完成后，在大的指标体系对准则层的各分支指标进行赋权。同样依据 Saaty 的 $1 \sim 9$ 标度法，构造出判断矩阵 A'：

$$
A' = \begin{bmatrix}
b_{11} & b_{12} & \cdots & b_{1n} \\
b_{21} & b_{22} & \cdots & b_{2n} \\
\vdots & \vdots & \vdots & \vdots \\
b_{n1} & b_{n2} & \cdots & b_{nn}
\end{bmatrix}
$$

在此对 A' 选用算术平均的方法求解特征向量，将 A' 归一化，即有：

$$
\begin{bmatrix}
b_{11} / \sum_{i=1}^{n} b_{i1} & b_{12} / \sum_{i=1}^{n} b_{i2} & \cdots & b_{1n} / \sum_{i=1}^{n} b_{in} \\
b_{21} / \sum_{i=1}^{n} b_{i1} & b_{21} / \sum_{i=1}^{n} b_{i2} & \cdots & b_{2n} / \sum_{i=1}^{n} b_{in} \\
\vdots & \vdots & \vdots & \vdots \\
b_{n1} / \sum_{i=1}^{n} b_{i1} & b_{n1} / \sum_{i=1}^{n} b_{i2} & \cdots & b_{nn} / \sum_{i=1}^{n} b_{in}
\end{bmatrix}
$$

将上面归一化的矩阵按行相加，得到一个 n 维向量，将列向量作第二次归一化处理，最后就得到准则层指标在整体系统中的权数分布向量 $(m_1, m_2, m_3, \cdots m_n)$。再根据前面的一致性检验方法对其权数进行检验判断。

二、为什么以对口援疆为例

新疆维吾尔自治区是中国面积最大的省级行政区，陆地边境线 5600 多公里，周边与俄罗斯、哈萨克斯坦、吉尔吉斯斯坦、塔吉克斯坦、巴基斯坦、蒙古国、印度、阿富汗等八个国家接壤，战略位置十分重要。

新疆现有 14 个地、州、市，88 个县（市），其中 33 个为边境县（市），1004 个乡镇，其中民族乡 43 个。新疆生产建设兵团是新疆的重要组成部分，有 174 个团场。截至 2018 年底，新疆人口为 2158.63 万人，其中少数民族人口约占 60.5%。新疆共有 47 个民族，其中世居民族有 13 个。

1979 年中央召开的"全国边防工作会议"会议上，对口支援政策被首次提出以来，全国其他地区积极支援新疆经济和社会发展。据中共新疆维吾尔自治区委员会组织部援疆办介绍，中央开展援疆工作十几年来，各地已累计向新疆无偿援助资金物资折合人民币 43 亿元，与新疆实施合作项目 1200 多个，到位资金 250 多亿元。

2010 年 3 月，全国对口支援新疆工作会议在北京召开，新一轮援疆工作就此拉开序幕。按照会议确定的"结对支援"方案，19 个省市分别结对援助新疆 12 个地（州）市的 82 个县（市）和新疆生产建设兵团的 12 个师。新一轮对口援疆是多年来支援地域最广、所涉人口最多、资金投入最大、援助领域最全面的一次对口支援。特别是新一轮援疆借鉴"汶川经验"，格外引人关注，"汶川经验"是典型的中国特色，这一模式在汶川震后重建中受到各国政府和研究者的普遍赞赏。汇聚全国之力援疆，撬动了新疆强大的经济内生发展动力，为长治久安打下了更坚实的基础。

三、我国横向财政转移支付绩效评估——以对口援疆为例

（一）指标体系权重值的确定

本书首先根据指标层的各个指标对其相应的经济绩效、政治绩效、公平绩效，分别构造出判断矩阵。

$$
Y_1 = \begin{bmatrix}
1 & 2 & 2 & 1 & 3 \\
\dfrac{1}{2} & 1 & 1 & 2 & \dfrac{2}{3} \\
\dfrac{1}{2} & 1 & 1 & 2 & \dfrac{2}{3} \\
1 & \dfrac{1}{2} & \dfrac{1}{2} & 1 & \dfrac{1}{3} \\
\dfrac{1}{3} & \dfrac{3}{2} & \dfrac{3}{2} & 3 & 1
\end{bmatrix}
$$

$$Y_2 = \begin{bmatrix} 1 & 2 & \frac{1}{2} & \frac{1}{2} & 2 & 3 \\ \frac{1}{2} & 1 & \frac{1}{4} & \frac{1}{4} & 1 & \frac{3}{2} \\ 2 & 4 & 1 & 1 & 4 & 6 \\ 2 & 4 & 1 & 1 & 4 & 6 \\ \frac{1}{2} & 1 & \frac{1}{4} & \frac{1}{4} & 1 & \frac{2}{3} \\ \frac{1}{3} & \frac{2}{3} & \frac{1}{6} & \frac{1}{6} & \frac{3}{2} & 1 \end{bmatrix}$$

$$Y_3 = \begin{bmatrix} 1 & 2 & 2 & 1 & \frac{1}{2} & 3 & \frac{1}{3} & \frac{1}{2} \\ \frac{1}{2} & 1 & 1 & \frac{1}{2} & \frac{1}{4} & \frac{3}{2} & \frac{1}{6} & \frac{1}{4} \\ \frac{1}{2} & 1 & 1 & \frac{1}{2} & \frac{1}{4} & \frac{3}{2} & \frac{1}{6} & \frac{1}{4} \\ 1 & 2 & 2 & 1 & \frac{1}{2} & 3 & \frac{1}{3} & \frac{1}{2} \\ 2 & 4 & 4 & 2 & 1 & 6 & \frac{2}{3} & 1 \\ \frac{1}{3} & \frac{2}{3} & \frac{2}{3} & \frac{1}{3} & \frac{1}{6} & 1 & \frac{1}{9} & \frac{1}{6} \\ 3 & 6 & 6 & 3 & \frac{3}{2} & 9 & 1 & \frac{3}{2} \\ 2 & 4 & 4 & 2 & 1 & 6 & \frac{2}{3} & 1 \end{bmatrix}$$

$$X_1 = \begin{bmatrix} 1 & \frac{1}{2} & 2 \\ 2 & 1 & \frac{1}{4} \\ \frac{1}{2} & 4 & 1 \end{bmatrix}$$

$$X_2 = \begin{bmatrix} 1 & \dfrac{1}{2} & 6 & 5 & 4 \\ 2 & 1 & \dfrac{1}{9} & \dfrac{1}{9} & \dfrac{1}{8} \\ \dfrac{1}{6} & 9 & 1 & \dfrac{6}{5} & \dfrac{4}{6} \\ \dfrac{1}{5} & 9 & \dfrac{5}{6} & 1 & \dfrac{4}{5} \\ \dfrac{1}{4} & 8 & \dfrac{6}{4} & \dfrac{5}{4} & 1 \end{bmatrix}$$

$$X_3 = \begin{bmatrix} 1 & 2 & 2 & 1 & 3 \\ \dfrac{1}{2} & 1 & 1 & 2 & \dfrac{2}{3} \\ \dfrac{1}{2} & 1 & 1 & 2 & \dfrac{2}{3} \\ 1 & \dfrac{1}{2} & \dfrac{1}{2} & 1 & \dfrac{1}{3} \\ \dfrac{1}{3} & \dfrac{3}{2} & \dfrac{3}{2} & 3 & 1 \end{bmatrix}$$

下面将详细介绍指标权重确定的步骤：

第一步，对 Y_1 指标判断矩阵中的各行求算术平均数，分别得到以下向量：

$$\overline{W}_1 = (1.6438, 0.9221, 0.9221, 0.6084, 1.1761)$$

其他数据可以类推得到：

$$\overline{W}_2 = (1.49753, 0.748767, 2.995067, 2.995067, 0.643948, 0.563056)$$

$$\overline{W}_3 = (1.306072, 0.653036, 0.653036, 1.306072, 2.122860, 0.435357,$$
$$3.918216, 2.612144)$$

第二步，将已求出的列向量中的每一个分量分别除以其总数，则所求的指标权数向量为：

$$\overline{w}_1 = \frac{\overline{W}_1}{\displaystyle\sum_{i=1}^{5} \overline{W}_1}$$

$$\bar{w}_1 = (0.3112, 0.1749, 0.1749, 0.1154, 0.2231)$$

同理可得其他的权数向量：

$$\bar{w}_2 = (0.1586, 0.0793, 0.3172, 0.3172, 0.0682, 0.0596)$$

$$\bar{w}_3 = (0.1004, 0.0502, 0.0502, 0.1004, 0.1632, 0.0334, 0.3012, 0.2015)$$

第三步，验证权数的可信度。

$$\lambda_{\max 1} = \frac{1}{n} \sum_{i=1}^{n} \frac{\sum_{j=1}^{n} a_{ij} \times \bar{w}_i}{\bar{w}_i} = 5.0547$$

$$CI_1 = \frac{\lambda_{\max 1} - n}{n - 1} = \frac{5.0547 - 5}{5 - 1} = 0.0137$$

查表得 $IR_1 = 1.12$，故 $CR_1 = CI_1 / IR = 0.0122 < 0.1$，所以可以认为判断矩阵的一致性是可以接受的。同理可得：

$$\lambda_{\max 2} = 6.1786 \qquad IR = 1.24 \qquad CR_2 = 0.0288 < 0.1$$

$$\lambda_{\max 3} = 2.4104 \qquad IR = 1.41 \qquad CR_3 = -0.5663 < 0.1$$

根据上面的计算和检验结果，可知各个指标的所赋权重都通过了一致性检验，在构造指标层各个指标的权重后，还需要对准则层的六大效应进行赋权，依据准则层赋权方法，其具体过程如下：

将准则层各效应放在大系统下，作为一个综合指标看待，进行两两比较，构造出判断矩阵，依据有关专家的判断，其判断矩阵为：

$$A' = \begin{bmatrix} 1 & \dfrac{1}{2} & 2 \\ 2 & 1 & \dfrac{1}{4} \\ \dfrac{1}{2} & 4 & 1 \end{bmatrix}$$

将 A' 按列进行归一化，再按行相加得到三维向量，即有：

$$\overline{W}_A = (1, \quad 0.8909, \quad 1.2599)$$

再进行归一化：

$$\overline{W}_A = (0.3174, 0.2828, 0.4999)$$

按同样的方法进行检验，首先验证权数的可信度。

$$\lambda_{max1} = \frac{1}{n}\sum_{i=1}^{n}\frac{\sum_{j=1}^{n}a_{ij}\times\overline{w}_i}{\overline{w}_i} = \frac{1}{3}\left(\frac{1.4586}{0.3174} + \frac{1.0558}{0.2828} + \frac{1.9706}{0.4999}\right)$$

$$= (4.5955 + 3.7334 + 3.9420)/3 = 3.0903$$

$$CI_1 = \frac{\lambda_{max1} - n}{n - 1} = \frac{3.0903 - 3}{3 - 1} = 0.0452$$

查表得 $IR = 0.85$，故 $CR_1 = CI_1/IR = 0.0531 < 0.1$，所以可以认为判断矩阵的一致性是可以接受的。

（二）横向财政转移支付总体绩效评价公式

根据表 10-7 各个指标的权重，可以计算出中国特色横向财政转移支付绩效的综合评价公式：

$$\begin{aligned}
Hxczzyzf = &\ 0.0988X_{11} + 0.0555X_{12} + 0.0555X_{13} + 0.0366X_{14} + 0.0708X_{15} \\
&+ 0.0448X_{21} + 0.0224X_{22} + 0.0897X_{23} + 0.0897X_{24} + 0.0193X_{25} \\
&+ 0.0169X_{26} + 0.0502X_{31} + 0.0251X_{32} + 0.0251X_{33} + 0.0502X_{34} \\
&+ 0.0816X_{35} + 0.0167X_{36} + 0.1506X_{37} + 0.1004X_{38}
\end{aligned}$$

表 10-7　　　　　我国横向财政转移支付绩效指标体系权重

	Y_1	Y_2	Y_3	W_i
	0.4105	0.3742	0.5132	X_iX_{ij}
Y_{11}	0.4125			0.1745
Y_{12}	0.2501			0.1027
Y_{13}	0.3459			0.1420
Y_{14}	0.4384			0.1800
Y_{15}	0.5546			0.2277
Y_{21}		0.4103		0.1535
Y_{22}		0.0997		0.0373

续表

	Y_1	Y_2	Y_3	W_i
Y_{23}		0.3328		0.1245
Y_{24}		0.5540		0.2073
Y_{25}		0.1972		0.0738
Y_{26}		0.2491		0.0932
Y_{31}			0.5416	0.2779
Y_{32}			0.3481	0.1786
Y_{33}			0.1972	0.1012
Y_{34}			0.6487	0.3329
Y_{35}			0.2489	0.1277
Y_{36}			0.2403	0.1233
Y_{37}			0.3491	0.1792
Y_{38}			0.2667	0.1369

（三）我国横向财政转移支付绩效的实证结果

根据以上数据，对各个指标值进行无量纲化处理，得出我国 2008～2016 年横向财政转移支付的总体绩效情况，如表 10 - 8 所示。

表 10 - 8　　　　我国横向财政转移支付绩效指数及构成情况

年份	总绩效	经济绩效	政治绩效	公平绩效
2008	- 1.41748	- 0.46713	- 0.30821	- 0.64214
2009	- 1.11802	- 0.4317	- 0.22516	- 0.46117
2010	0.778811	0.140253	0.235087	0.403471
2011	0.606132	0.135912	0.106175	0.364045
2012	0.10672	0.100995	- 0.03646	0.04218
2013	0.633495	0.167384	0.005245	0.460865
2014	0.593926	0.229398	0.076436	0.288091
2015	0.81998	0.297684	0.281191	0.241105
2016	1.222643	0.34887	0.460961	0.412812

由表 10 - 8 可以看出，我国横向财政转移支付行为总体绩效上升趋势明显，其中，公平绩效增长速度最快，政治绩效次之，经济绩效缓慢增长。

第十一章　相关配套制度的跟进

第一节　分税制的进一步完善、财政基础
数据库建设、激励及监督机制

一、完善分税制

业已实施的分税制改革尚不彻底，就配合横向财政转移支付而言，当前最为迫切的改革事项主要有：加强地方财政权力、完善地方税收体系。前者强调了财政权力，后者侧重财政权利。

（一）加强地方政府财政自主权

始于1994年的分税制改革使地方政府逐渐拥有了对财政资源的剩余控制权。但在明确的法律规范框架内，我国没有真正意义上的地方自治制度。因而严格地说，也就没有真正意义上的财政自主权。目前所谓的地方财政自主权其实就是一种事实效果，我国地方财政自主权不是法定权力，而是一定程度上的事实权力。

我国的分税制本质上是一种制度化的分税与非制度化的分利相结合的财政体制，其以提高国家财政汲取能力为初衷，同时也壮大了地方的财政力量，使得地方具备了与中央展开谈判的议价能力；而特定的集权型增长体制使得中央对来自地方的压力保有绝对的平衡筹码和杠杆，如通过强制性支出标准、强制性支出项目等来控制地方财政行为。前者如"各级政府要努力增加卫生投入……争取全社会卫生总费用占国内生产总值的5%左右"；后者如以对口支援形式进行的地方之间直接的支出责任转移，使

部分地方政府直接协助中央分担欠发达地区、民族地区和受灾地区的支出责任。

经验表明，地方财政权的虚置往往导致地方财政主义的盛行，如支出低效、无节制举债等。因此，在不改变政治规则一元化领导的框架下，可以进行适度的行政分权，降低中央政府的行政控制力度，适当赋予地方一定程度的财政规则自主权。当然，这必须明确划分中央与地方的事权和支出责任，逐步由粗到细形成中央、省、市（县）三级事权与支出责任明细责任。

（二）完善地方税系

地方税是由中央或地方立法、地方征收管理、收入归地方分配使用的税收体系。地方税体系是现代公共财政制度的重要组成部分，是政府组织结构问题具体体现。地方税反映的是中央与地方的税收分配关系，而不是政府与纳税人的分配关系。其实质是中央与地方对政府拥有的税收征管权限和税收收益的分配。

地方税一般具备以下几个特征：第一，税基具有非流动性。税基具有流动性的税种若由地方征收，会造成税基以税负高低为标准而不是以效率高低为标准流动，扭曲资源配置。第二，基于利益原则课征。征税对象的收益大小与当地政府提供的公共物品密切相关。第三，由地方征管效率较高。第四，收入不易发生周期性波动。第五，税基较广、税收规模较大。第六，对经济具有适度弹性。

当前，我国税收立法权过于集中，不利于地方行使职能，且在地方税种收入中，共享税占比过大，地方税占比过小，缺乏对地方财力具有决定性影响且长期稳定有效的主体税种。长此下去，最终导致削弱地方政府自主调控经济的能力。

完善地方税系，当前最主要的是确立地方主体税种。基于我国目前税制现状和征管实践，地方税主体税种可由三项组成：一是营业税。随着经济发展水平提高，第三产业的发展动力加大，与此密切相关的营业税也有较大的增长空间。二是房产税。将房地产税、土地使用税合并为房地产税，随着经济的发展和市场机制的不断完善，作为财产税类主体税种的房地产税的收入将迅速增加。三是城市维护建设税。积极稳妥推进物业税改革，调节居民收入分配，适当增加地方收入。四是实施资源税改革，改从量计征为从价计征，增加中西部等资源性和经济欠发达地区的财政收入。

二、财政基础数据库建设

横向财政转移支付的进入门槛、转移标准等都要求财政信息完整、准确。这就需要先建立一个完备的财政基础数据库，同时在此基础上建立强大的财政数据处理系统。

第一，建立综合性的财政信息平台。我国多年来在不懈地建设财政信息平台，现在已经基本延伸到县级政府。因此，必须整合现有的财政信息化系统，实现财政各业务系统间协同管理，保证财政信息的顺畅流动。

第二，建立强大的财政数据分析统计系统。建立完备的财政信息平台不是目的，真正的目的是利用信息平台进行财政决策。因此，必须在信息平台基础上，建立包含财政管理基础信息、财政业务运行数据和其他外部相关信息的大型数据处理中心，进而开展财政收支统计分析系统建设，以应用支撑平台数据集中存储为核心，逐步建立地方各级财政收支数据库，全面反映各地财政收支情况。综合运用财政、经济、统计学方法和数据库技术，实现财政有关数据的统计、汇总和分析，为财政决策提供辅助支持。

三、激励及监督机制

实际上，几乎所有的横向财政转移支付都能产生消极影响，这是因为其难以形成内在的激励和约束效应，容易产生一种普遍的"花别人的钱不心疼"的心理。所以，在设计横向财政转移支付制度时必须充分考虑这一制度的激励与约束机制。

(一)横向财政转移支付激励机制

1. 直接在分配依据中加入财政努力因素。对地方财政支出结构调整的要求，如接受横向财政转移支付的地方政府必须先确保工资发放、完善社会保障、建立低保救济等，以调整地方政府理财思路；对接受横向财政转移支付的地方财政支出标准提出严格要求，实行特殊的审计制度，定期检查其财政资金使用情况。对于不能遵循上述要求的地方政府，在安排横向财政转移支付资金时可以考虑采取一定的制约措施，包括削减横向财政转移支付资金。

2. 建立财政横向财政转移支付评价、监督和考核机制。目前，我国还没有专门的横向财政转移支付管理机构，鉴于国情的约束，可以考虑在本级人民代表大会设立"横向拨款委员会"或者"省际横向财政转移支付委员会"，负责财政横向财政转移支付的审批和监督，有利于保证横向财政转移支付决策的科学性和民主性。

与此同时，进行横向财政转移支付的绩效评估监督等工作。横向财政转移支付的支出项目内容的复杂性、对象的多层次性、效益的多样性，决定了绩效评价必须按照定性与定量相结合、统一性指标与专业性指标相结合的原则，建立起一套完整的绩效评价指标体系。

（二）横向财政转移支付监督机制

我国目前横向财政转移支付制度监督力度不够主要表现在以下几个方面：一是对地区间的财力分配不均和公共服务水平差距较大的问题基本没有触动；二是横向财政转移支付监督都以事后检查为主；三是横向财政转移支付透明度较低，地方各级财政预算编制还不完整。

建立我国横向财政的监督机制主要有以下措施：

1. 设立独立的横向财政转移支付监督机构，是保障转移支付有效运作的基础。在机构设置上，使其隶属于各级人民代表大会；在监督内容上，依法赋予监督者明确的横向财政转移支付监督职责，从立项、预算、拨付、管理和使用的全过程各个环节进行监督；在权力行使上，该机构独立行使监督权，有权对横向财政转移支付中的违规违法行为作出处罚。

2. 加强横向财政转移支付监督的法制建设。在制定基本法层面的财政转移支付法的基础上明确财政转移支付监督的内容，同时，规范横向转移支付监督的范围、权限和程序，从法律上为横向财政转移支付的监督与评估提供保障。

3. 健全监督问责制度。在法律条例明确列出各种情况的违法违规行为，并明确规定处分方式——违法乱纪行为或不依法履行自己职责的给予相应处分；情节较重的依法追究其法律责任，并通过网络等予以公布。将个人利益与国家、组织利益相互关联，营造更为宽松的财政监督环境。

第二节　完善我国财政转移支付立法、改革和完善政绩考核机制

一、完善我国财政转移支付立法

（一）出台财政转移支付基本法，提高法律位阶

综观西方市场经济发达国家，尽管各国的经济发展方式和财政管理体制存在着一定的差异，但政府间财政转移支付法制化程度较高是其共同的特点。由于我国过去的财政转移支付部门规章和地方政府规章法律位阶较低，实际运行效果欠佳。因此，我国在建立规范的财政转移支付制度时，遵循法治原则，应该由全国人民代表大会及其常务委员会以基本法形式制定专门的中华人民共和国财政转移支付法。这部法律作为财政转移支付的专门立法，应当充分考虑我国国情，尽可能满足纵向转移支付和横向转移支付的要求，做到目标明确、科学规范、适用性和可操作性强，具体内容应当包括：立法宗旨、基本原则、适用范围、转移支付的主体及权限划分、转移支付的形式及程序、转移支付的规模及确定方式、转移支付的监督管理、法律责任及制裁措施等。

（二）修改财政转移支付配套法，增强适用性

政府间的财政转移支付是一个遍布全国纵横交错的完整体系，财政转移支付法律制度是一项涉及面甚广、影响因素复杂的系统工程。财政转移支付工作要顺利开展并发挥实际效果，不仅需要财政转移支付法的整体安排和宏观指导，还需要行政组织法、预算法和税收征收管理法的协调配合，绝不能各自为政甚至相互矛盾。首先，修改国务院组织法和地方政府组织法，明确中央和地方各级人民政府的事务管辖权限（即事权），在此基础上合理进行资金配置，这是财政转移支付法律制度建立的前提条件；其次，修改预算法，为转移支付提供科学合理的依据；最后，完善税收法律制度，提高财政转移支付的权威性和实效性。

（三）立足对口支援实践，加强横向转移支付立法

西方发达国家对政府间横向财政转移支付制度都有严格的立法规范，如

《德国联邦基本法》第106条规定："联邦和各州有平等权利要求从日常收入中支付各自的必需费用。联邦和各州的支付需要，应该加以协调以达到公正平衡，以保证联邦境内生活水平的横向一致性。"

我国其实早就存在着横向财政转移支付活动。业已实施多年的对口支援其实就是有中国特色的横向转移支付行为。几十年来，我国的对口支援行动渐趋成熟，在促进区域经济协调发展、增强区域间的协作及交流、维护民族团结以及国家统一等方面发挥了巨大的作用。但随着大规模对口支援的深入实施，也毋庸置疑地暴露了一些问题，尤其是法律制度不健全。

鉴于中国的立法实际，横向财政转移支付立法可以从三个方面进行：一是在宪法中明确规定横向财政转移支付制度的基本内容和目标，从根本法的角度提供法律保障，并为后续立法和实际运行扫清障碍。二是修改中华人民共和国预算法，拓宽收支平衡的含义，增加横向财政转移支付的内容，将横向转移资金列入各级政府的财政预算支出部分。三是在制定中华人民共和国转移支付法的过程中，单列一章明确横向转移支付的具体内容和细化标准等。

二、改革和完善政绩考核机制

无论纵向还是横向财政转移支付都是政府行为，无法完全通过市场机制衡量价值和效应，其政绩考核机制导向决定了未来发展动力和是否可持续发展。

一段时间以来，在我国政府的政绩考核体系中赋予经济增长（GDP）太多权重，导致了片面地追求经济发展而忽视民生的结果，仿佛只有GDP的快速增长，才能凸显地方政府的政绩；为了GDP的增长，将有限的财政资金大幅度、大规模投入经济建设项目中，最终形成了我国经济发展与民生发展的不平衡现象，暴露出一系列严重的社会问题，造成极大的资源浪费和经济损失。

党的十七大以来，政府在官员政绩考核机制方面进行了很大的改革，政府官员考评新机制的建立是加强党执政能力建设的重要手段。

参 考 文 献

［1］安尼瓦尔·阿木提. 基于区域理论创新的新疆发展战略研究［D］. 大连理工大学，2004.

［2］安倩. 区域经济发展差异的技术进步因素分析［D］. 复旦大学，2015.

［3］安秀梅. 政府公共支出绩效评估的基本理念［J］. 中国行政管理，2014（3）.

［4］付娟. 我国高校"对口支援"政策：成效、问题与优化策略［J］. 浙江师范大学学报（社会科学），2018（3）.

［5］曹前程. 区域经济倒U形态在广东的实证研究［D］. 中共广东省委党校，2016.

［6］曹硕鹏. 区域经济公正探析［D］. 江西师范大学，2016.

［7］柴箐. 汶川地震灾后重建与区域经济发展探讨［J］. 经济研究导刊，2016（18）.

［8］陈枫. 浅析我国对口支援和精准扶贫的区别与联系［J］. 财政监督，2017（7）.

［9］陈娟. 均等化取向下基本公共服务差异化提供方式研究——以公共事业型服务为视角［D］. 电子科技大学，2016.

［10］陈友春. 浙江省区域经济差异综合研究［D］. 浙江工商大学，2015.

［11］陈远方. 经济结构、经济增长与收入差距的关系研究：以湖南省为例［D］. 湖南师范大学，2015.

［12］程岚. 实现我国基本公共服务均等化的公共财政研究［D］. 江西财经大学，2016.

［13］程永林. 区域合作、利益协调与机制设计——基于泛珠三角与东盟跨边界次区域经济合作的研究［J］. 东南亚研究，2016（2）.

［14］初雪．对口援建：中国式赈灾［J］．四川党的建设（城市版），2015（8）．

［15］董静．我国政府间转移支付有效性的研究［D］．浙江大学经济学院，2016．

［16］胡帅，程干祥．论新时代背景下的横向转移支付——以解释论展开［J］．财政监督，2018（3）．

［17］冯朝睿．构建反贫困的地方政府合作治理模式［J］．经济研究参考，2017（5）．

［18］范士陈．区域开发与社会变迁互馈演进的多元共轭本源解析［J］．生产力研究，2016（23）．

［19］方忠权．"优化开发区域"空间协调机制研究——以珠江三角洲为例［D］．中山大学，2016．

［20］符宇忠．论区域经济统筹发展思想的形成及时代价值［J］．全国商情·经济理论研究，2016（1）．

［21］高琳．我国建立横向财政转移支付制度的一个模式——兼论地方政府的自主性［J］．地方财政研究，2015（7）．

［22］谷成，蒋守建．我国横向转移支付依据、目标与路径选择［J］．地方财政研究，2017（8）．

［23］高新才．改革30年来中国区域经济合作的回顾与展望［J］．西北大学学报（哲学社会科学版），2015（5）．

［24］郭丽．中国区域经济发展的理论与实践——基于四代领导人区域经济思想的分析［J］．山东省青年管理干部学院学报，2015（1）．

［25］郭庆旺．中央财政转移支付与地区经济增长［J］．世界经济，2016（12）．

［26］韩妍．中国工业全要素生产率区域差异性研究——基于超越对数生产函数模型的实证分析［D］．兰州大学，2016．

［27］胡艳君．长三角地区经济差异分析［D］．上海财经大学，2015．

［28］黄寰．生态修复中的价值标尺与机制创新——汶川地震灾区生态价值补偿［J］．西南民族大学学报（人文社科版），2016（3）．

［29］黄成昊．民族地区贫富差距问题现状探析与对策［J］．山西财政税务专科学校学报，2016（2）．

［30］黄承伟．东西部扶贫协作的实践与成效［J］．改革，2017（8）．

[31] 黄一涛. 府际治理："长三角"政府间横向关系研究 [D]. 中共上海市委党校，2015.

[32] 黄悦波. 试析我国自然灾害中的行政给付理念及实践 [D]. 中央民族大学，2016.

[33] 黄治平. 广东省财政转移支付政策的激励效果研究 [D]. 中山大学，2016.

[34] 江易华. 县级政府基本公共服务绩效评估指标体系的理论构建与实证检测研究——基于社会公正的研究视角 [D]. 华中师范大学，2016.

[35] 鞠伟. 财政支出绩效评价研究及案例分析 [D]. 天津大学，2015.

[36] 刘金山，徐明. 对口支援政策有效吗？——来自 19 省市对口援疆自然实验的证据 [J]. 世界经济文汇，2017（8）.

[37] 李瑞昌. 地方政府间"对口关系"的保障机制 [J]. 学海，2017（7）.

[38] 李小云. 东西部扶贫协作和对口支援的四维考量 [J]. 改革，2017（8）.

[39] 林继红. 推进京津冀协同发展的横向财政转移支付体系的构建 [J]. 税务与经济，2016（3）.

[40] 李飞跃. 发展战略、要素禀赋与经济发展 [D]. 北京大学，2016.

[41] 李广斌. 基于地方政府博弈的区域合作困境分析 [J]. 华东经济管理，2016（12）.

[42] 李建丽. 我国社会保障水平区域差异研究 [D]. 西北师范大学，2015.

[43] 李菊兰. 非政府组织扶贫模式研究 [D]. 西北农林科技大学，2015.

[44] 李坤刚. 基于生态足迹方法的中国区域间生态转移支付研究 [J]. 环境科学与管理，2015（3）.

[45] 李凌. 西方财政均等化制度设计研究及其启示 [J]. 科学社会主义，2015（2）.

[46] 李权利. 规范和完善我国财政分权体制研究 [D]. 河南大学，2015.

[47] 李善同. 促进区域协调发展需要注重省内差距的变化 [J]. 宏观经济研究，2016（2）.

［48］李英策．试论我国区域经济发展的三个阶段及其历史演进［J］．大众商务（下半月），2016（16）．

［49］李英涛．浅析美国政府对西进运动的推动［J］．中国校外教育（理论），2016（7）．

［50］廖金萍．我国农村基本公共服务均等化体系建设研究［D］．南昌大学，2015．

［51］刘佳．我国区域经济发展水平与投资环境的综合评价［D］．西南财经大学，2015．

［52］刘波，尉建文．政治行为与社会公益：国有企业参与对口支援的机制分析（2006—2015）——以北京市49家国有企业为例［J］．中国经济史研究，2017（9）．

［53］梁敏，张建新，胡晓媛，杨萍，姚华．基于德尔菲法和层次分析法构建卫生对口援疆绩效评价体系的研究［J］．中国卫生统计，2017（8）．

［54］刘杰．三峡库区（重庆段）城镇化空间结构优化［D］．重庆大学，2016．

［55］刘军．产业聚集与中国区域经济非均衡发展研究［D］．东南大学，2016．

［56］鲁科杰．邓小平共同富裕理论视角下的和谐社会构建［D］西北大学，2015．

［57］吕晨飞．澳大利亚均等化转移支付制度研究［D］．北京大学，2015．

［58］马奔．危机管理中跨界治理的检视与改革之道：以汶川大地震为例［J］．清华大学学报（哲学社会科学版），2016（3）．

［59］马晓晴．中国经济增长质量的区域差异研究［D］．西北大学，2015．

［60］马玉祥．西部大开发战略中的法制建设研究［J］．未来与发展，2015（5）．

［61］倪锋．汶川大地震对口支援初步研究［J］．经济与管理研究，2016（7）．

［62］宁军．论和谐社会构建中的权利与权力平衡［D］．天津师范大学，2016．

［63］潘瑞姣．我国省际横向财政转移支付资金使用状况实例分析［J］．

商业时代，2016（15）.

[64] 潘曦. 区域合作困境与地方政府竞争失效参考文献 [D]. 西南大学，2016.

[65] 彭春凝. 论生态补偿机制的财政转移支付 [J]. 江汉论坛，2016 （3）.

[66] 彭文斌. 资本流动对区域经济差距的影响研究 [D]. 复旦大学，2015.

[67] 钱莲琳. "兄弟式互助"呼唤横向转移支付制度 [J]. 地方财政研究，2015（7）.

[68] 石风光. 要素投入、全要素生产率与地区经济差距——基于中国省区数据的实证分析 [J]. 数量经济技术经济研究，2016（12）.

[69] 舒霄虹. 供应链管理中供应商评价选择指标体系的设计 [D]. 上海交通大学，2015.

[70] 孙春艳. 促进区域经济协调发展的政府间财政转移支付研究 [D]. 上海财经大学，2015.

[71] 汤群. 我国基于生态补偿的横向转移支付制度研究 [D]. 山东大学，2015.

[72] 汤啸天. 对口支援是责任更是考验 [J]. 新一代，2015（7）.

[73] 田发. 基本公共服务均等化与地方财政体制变迁 [D]. 中国社会科学院（北京），2016.

[74] 万新鲲. 中国东西部地区经济发展差异的制度解释 [D]. 广西大学，2016.

[75] 汪连海. 中国地区利益冲突与协调研究 [D]. 中国社会科学院研究生院，2015.

[76] 王玮. "对口支援"不宜制度化为横向财政转移支付 [J]. 地方财政研究，2017（8）.

[77] 王达梅. 构建横向援助机制，推进基本公共服务均等化 [J]. 西北师大学报（社会科学），2016（2）.

[78] 王恩奉. "削峰填谷"式横向财政转移支付方法实证研究 [J]. 地方财政研究，2015（12）.

[79] 王辉. 区域财力差异的财税政策研究 [D]. 西北师范大学，2015.

[80] 王瑞丰. 汶川地震灾后对口支援有关问题思考 [J]. 陕西行政学院

学报，2015（4）．

［81］王艳艳．我国政府间转移支付的财力均等化效应分析［D］．河北经贸大学，2016．

［82］王莹．财政能力均等化和水平公平均等化模式的比较及我国的现实选择［J］．财会月刊（综合版），2015（24）．

［83］王磊，黄云生．对口支援资源配置的效率评价及其影响因素分析——以对口支援西藏为例［J］．四川大学学报（哲学社会科学版），2018（3）．

［84］王再文．区域合作的协调机制：多层治理理论与欧盟经验［J］．当代经济管理，2016（9）．

［85］王忠东．论对口支援工作中的政府责任［J］．内蒙古农业大学学报（社会科学版），2016（3）．

［86］吴尔平．中国地方政府财政支出绩效评价体系的完善［D］．西北大学，2015．

［87］夏德孝．区域协调发展理论的研究综述［J］．生产力研究，2015（1）．

［88］许泽辉．广东省财政支出绩效评价制度与实践研究［D］．中山大学，2015．

［89］杨恩华，范利君，高翔．对口援疆政府运行机制及效益的研究［J］．四川省社会主义学院学报，2016（9）．

［90］杨明洪，刘建霞．横向转移支付视角下省市对口援藏制度探析［J］．财经科学，2018（2）．

［91］杨龙，李培．府际关系视角下的对口支援系列政策［J］．理论探讨，2018（1）．

［92］杨晶．光辉的实践正确的道路——新中国民族工作60年的成就和经验［J］．求是，2016（19）．

［93］杨毅．我国城乡基本公共服务协同体制研究［D］．华中师范大学，2015．

［94］任维德．现状、机遇、路径："一带一路"战略下的民族发展［J］．内蒙古社会科学（汉文版），2017（7）．

［95］熊羽．绩效导向的对口支援模式研究［J］．财政监督，2017（7）．

［96］于家琦．国内区域合作机制的现状及创新对策［J］．前沿，2016

（12）.

[97] 曾铮. "不均质"大国的理论框架及其经济学界定——基本逻辑、测算模型和对中国的分析 [J]. 中国工业经济，2015（6）.

[98] 张进. "对口援藏政策"的实证研究 [D]. 中国人民大学，2016.

[99] 张营为. 关于对口援藏问题的调查与思考 [J]. 西藏研究，2016（2）.

[100] 张明玲. 民族团结政策在新疆的实践现状研究 [D]. 石河子大学，2015.

[101] 张明喜. 转移支付与我国地区收入差距的收敛分析 [J]. 财经论丛，2013（5）.

[102] 张谋贵. 建立横向转移支付制度探讨 [J]. 财政研究，2016（7）.

[103] 张正华. 中国东西部地区产业升级及其机制比较研究 [D]. 云南大学，2015.

[104] 张宗润. 从抗震救灾看中国的危机管理 [D]. 天津师范大学，2016.

[105] 郑子敬. 深度贫困地区增减挂钩节余指标跨省交易的路径研究 [J]. 中国土地，2017（12）.

[106] 钟开斌. 控制性多层竞争：对口支援运作机理的一个解释框架 [J]. 甘肃行政学院学报，2018（2）.

[107] 郑长德. 中国区域经济发展新格局下西部民族地区的发展研究 [J]. 西南民族大学学报（人文社科版），2016（1）.

[108] 周静. 关于我国区域经济协调发展问题的几点思考 [J]. 改革与战略，2016（8）.

[109] 朱建成. 中国区域经济政策的演变及效应评价 [J]. 理论学刊，2015（12）.

[110] J. G. Willianmson, Regional Inequality and Proeess of National Development: A Description of the Pattems, Economic Development and Cultural Change, Vol. XⅢ (1965), No. 4, part 11, 9 – 25.

[111] Molle, W., Holst, B. Vanand Smith, H, Regional Disparity and Economic Development in the European Community. SaxonHouse, 1980.

[112] Robert Lucas, On the Mecanics of Economic Development, Journal of

Monetary Economics, 1988, 22: 3 – 42.

[113] Ravi Kanbur and Xiao-bo Zhang, Which Regional Inequality? The Evolution of Rural-Urban and Inland-Coastal Inequality in Chian, 1983 – 1995, Working Paper, 1998.

[114] Zaneta Akvile, The evaluation of implementation of regional policy, Engineering Economics, 2005 No. 4 (44).

[115] Martin Temple, Regional Economics, The Macmillan Press LTD., 1994.

[116] Viner, J. The Customs Union Issue . New York: Carnegie Endowment for Intenational Peace, 1950.

[117] Mary Farrell. Regional integration and cohesion—lessons from Spain and Ireland in the EU Journal of Asian Economics, 2004, 14: 927 – 946.

[118] Mafnus Henrekson, Johan Torstensson, Rasha Torstensson, Growth effects of European integration . European Economic Review, 1997, 41: 1537 – 1557.

[119] Krishna, P. J. Bhagwati, Nessarily welfare-enchansing customs union with industrialization constrants, Japan and World Economy, 1997.